王方宇
張一峰 合編

華文讀本

第三册

Mirror Series B No. 3

華文讀本

第三册

READ CHINESE

BOOK III

Fang-yu Wang
Richard F. Chang

王方宇
張一峰

FAR EASTERN PUBLICATIONS
YALE UNIVERSITY
NEW HAVEN, CONNECTICUT

Far Eastern Publications

First Printing, 1961

Second Edition, 1965

CONTENTS

INTRODUCTION TO READ CHINESE III

This book is planned for students who are familiar with the spoken vocabulary and sentence patterns presented in SPEAK CHINESE by Gardner Tewksbury, (Far Eastern Publications, Yale University) and the six hundred individual characters and combinations found in the Read Chinese series, READ CHINESE BOOK ONE, by Fred Wang and READ CHINESE BOOK TWO, by Richard Chang (both Far Eastern Publications, Yale University.) The aim of this book is to provide reading materials in traditional characters.

The reading selections, with the exception of lesson one, are adapted from famous plays, short stories, diaries, speeches, essays and travelogues. Adaptations necessarily lose some of the style and flavor of the original, but from the point of view of language teaching, are necessary in order to avoid exposing the student to large numbers of characters and combinations of low frequency, and to afford the opportunity for continuous review of important, frequently occurring characters and combinations.

Each lesson introduces twenty new characters and about twenty-five new words or combinations. The new characters are, in most cases, chosen from frequency lists issued by the People's Republic of China, so the student can be sure that these characters are worth learning for the future. This text introduces nearly 400 basic characters which when combined with those in Book One and Book Two makes a total of approximately 1000 Chinese characters.

Although this is primarily a reading text, the student is urged to utilize recordings as much as possible. Such recordings are available from the publisher.

Upon completion of this text, the Yale series continues with a review text called READINGS ON CHINESE CULTURE. Many students at this level also begin newspaper readings for which a primer is available (A PRIMER OF NEWSPAPER CHINESE, Y. J. Chih). TWENTY LECTURES ON CHINESE CULTURES (Yale University Press) is also another appropriate text after READ CHINESE BOOK THREE.

Pronunciation in this text is indicated with the Yale romanization. The Yale system of romanization was devised to meet the needs of Americans learning Chinese. As such it is the only system designed specifically for English speakers. Students using this text who are not familiar with the Yale system may consult the romanization guide. All users of this text are urged to review the six hundred "assumed" characters (i.e. those contained in READ CHINESE ONE and TWO) which are provided in a summary list.

In the notes a distinction between required items and nonrequired items is made in the following manner:

a. non-required items are kept to a minimum and are marked by an asterisk * at the upper left of the item (See example 1)

b. combinations or phrases are listed as main entries, with the required characters printed larger than the "assumed" characters. (See example 2, 3, and 4)

c. If the meaning of an individual required character is considered essential at this level, it will be listed as an entry and translated, otherwise it will simply be mentioned in the notes or not translated individually.

Examples:

1.* 英格蘭	*Yīnggelán*	N:	England
2. 結**果**	*jyégwǒ*	A/N:	as a result/result
果	*gwǒ*	BF:	fruit
3. 困難	*kwùnnán*	N:	difficulty(困kwùn BF: distress)
4. 一**至**	*yījr̀*	SV:	be consistent

In the above examples, the meaning of the single character gwo is considered essential because the student will be meeting this character in many other combinations in this book or others. The meaning of kwun, however, is less important. It is a required character but it is not as productive of useful combinations as gwo. The meaning of the character jr is considered even less important. Although jr is part of the frequently occurring yijr (consistent) and is thus worth learning, it too is not so productive of other frequently occurring combinations. To summarize, all four hundred new characters in this text are required and worth learning. For some characters (like gwo above) the meaning of the combination AND the meaning of the individual component character is extremely important for later study. For others, such as kwun above, the combination is required but the meaning of the individual character is only relatively important. And finally, for a few characters only the pronunciation and meaning of the combination need be learned (yijr, in the above examples.)

The authors take this opportunity to thank the contributors of the articles from which the lessons were adapted. Grateful acknowledgement is also made of the editorial help of Mr. Yu-Ju Chih and other members of the Editorial Committee and to Mr. Ramon Woon for his valuable advice and assistance.

April, 1961

Fred Fang-yu Wang
Richard I-feng Chang

600 characters introduced in Read Chinese I and II

1	山 shān I 17	分 fēn I 13	右 yòu I 18	忙 máng I 18	名 míng I 16
一 yī I 1	久 jyǒu II 5	父 fù I 7	石 shŕ II 11	次 tsz̀ I 17	各 gè II 13
2	千 chyān I 10	公 gūng II 6	加 jyā II 13	交 jyāu II 9	多 dwō I 3
又 yòu I 8	女 nyǔ I 10	介 jyè II 1	布 bù II 4	衣 yī I 16	年 nyán I 8
二 èr I 1	**4**	月 ywè I 1	母 mǔ I 7	式 shr̀ II 4	色 sè II 4
十 shŕ I 1	火 hwǒ I 13	午 wǔ II 3	目 mù II 15	再 dzài I 8	危 wéi II 15
七 chī I 1	六 lyòu I 1	手 shǒu I 10	且 chyě II 11	地 dì I 2	先 syān I 3
了 le (lyǎu) I 2	文 wén I 16	毛 máu I 19	北 běi I 18	西 syī I 4	自 dz̀ I 14
力 lì II 12	方 fāng I 2	化 hwà II 14	叫 jyàu I 6	老 lǎu I 6	向 syàng II 14
人 rèn I 1	心 syīn I 19	反 fǎn II 7	只 jř II 11	考 kǎu II 9	休 syōu II 8
八 bā I 1	王 wáng I 19	**5**	史 shř II 9	共 gùng II 1	件 jyàn I 9
九 jyǒu I 1	天 tyān I 1	半 bàn I 6	另 lìng II 6	死 sž II 7	好 hǎu I 3
3	尺 chř II 12	立 lì II 3	四 sz̀ I 1	百 bǎi I 6	如 rú II 11
三 sān I 1	夫 fū I 14	主 jǔ II 12	出 chū I 8	有 yǒu I 1	行 syíng I 9
已 yǐ I 12	五 wǔ I 1	市 shr̀ II 13	冬 dūng II 1	在 dzài I 2	**7**
己 jǐ I 14	切 chyè II 14	必 bì I 11	外 wài I 2	而 ér II 11	決 jywé II 5
下 syà I 1	太 tài I 9	平 píng I 15	用 yùng I 4	光 gwāng II 10	沒 méi I 1
士 shr̀ II 10	友 yǒu I 6	司 sž II 16	包 bāu II 3	早 dzǎu I 6	汽 chì II 3
工 gūng I 14	不 bù I 1	民 mín II 15	生 shēng I 3	同 túng II 11	究 jyōu II 7
子 dž I 3	少 shǎu I 3	可 kě I 4	皮 pí II 3	因 yīn I 9	完 wán I 16
也 yě I 1	以 yǐ I 5	打 dǎ I 14	句 jyù I 11	吃 chr̄ I 5	弟 dì I 2
才 tsái I 19	日 r̀ I 5	正 jèng I 11	白 bái I 13	回 hwéi I 5	快 kwài I 8
大 dà I 1	中 jūng I 1	去 chyù I 3	他 tā I 1	肉 ròu II 12	冷 lěng II 8
小 syǎu I 1	比 bǐ I 17	世 shr̀ II 7	**6**	收 shōu II 2	言 yán II 14
上 shàng I 1	水 shwěi I 13	本 běn I 5	字 dz̀ I 5	全 chywán II 14	忘 wàng I 12
口 kǒu II 12	今 jīn I 7	左 dzwǒ I 18	安 ān II 2	合 hé II 4	那 nà I 2

600 characters introduced in Read Chinese I and II

局 jyú II 2	迎 yíng II 14	拉 lā II 12	兒 ér I 2	要 yàu I 3	信 syìn I 10
形 syíng II 9	何 hé II 9	事 shr̀ I 4	的 de I 1	拾 shŕ II 2	怎 dzěm I 11
車 chē I 13	但 dàn I 19	或 hwò II 13	所 swǒ I 7	甚 shém I 2	便 byàn (pyán) I 19
更 gèng I 17	作 dzwò I 4	東 dūng I 4	姐 jyě II 1	故 gù II 7	保 bǎu II 6
把 bǎ I 8	低 dī II 7	雨 yǔ II 10	姓 syìng I 7	相 syàng II 12	俄 è II 9
找 jǎu I 13	近 jìn I 18	兩 lyǎng I 1	**9**	查 chá II 10	係 syì II 5
走 dzǒu I 6	**8**	取 chyǔ II 6	洋 yáng II 15	飛 fēi II 3	紅 húng II 4
李 lǐ II 2	注 jù II 13	來 lái I 3	洗 syǐ I 19	南 nán I 18	約 ywē II 7
成 chéng II 4	河 hé I 17	奇 chí I 19	活 hwó II 7	架 jyà II 15	很 hěn I 3
助 jù II 15	法 fà (fá) I 16	到 dàu I 2	派 pài II 6	省 shěng II 8	後 hòu I 2
見 jyàn I 11	油 yóu II 14	直 jŕ I 18	穿 chwān I 18	是 shr̀ I 1	**10**
里 lǐ II 1	空 kūng II 2	味 wèi II 10	差 chà I 12	星 syīng II 7	酒 jyǒu I 18
吧 ba I 11	定 dìng I 11	長 cháng I 17	美 měi I 16	昨 dzwó I 7	消 syāu II 15
別 byé I 9	並 bìng II 11	呢 ne I 11	送 sùng I 9	思 sz̄ I 9	海 hǎi II 1
男 nán I 10	怪 gwài I 19	門 mén I 8	前 chyán I 2	苦 kǔ II 7	容 rúng I 16
希 syī II 3	怕 pà I 16	明 míng I 7	客 kè I 16	英 yīng II 9	害 hài II 9
坐 dzwò I 5	房 fáng I 10	易 yì I 16	音 yīn II 5	界 jyè II 7	家 jyā I 7
每 měi I 19	放 fàng I 14	花 hwā II 11	計 jì II 13	急 jí II 3	烟 yān II 5
告 gàu I 12	夜 yè I 12	些 syē I 4	軍 jyūn II 15	拜 bài I 9	站 jàn I 12
我 wǒ I 1	底 dǐ I 14	非 fēi II 3	度 dù II 10	看 kàn I 3	這 jè I 2
利 lì II 9	府 fǔ II 13	念 nyàn I 7	春 chwūn II 1	重 jùng II 12	記 jì II 3
私 sz̄ II 10	刻 kè I 13	金 jīn II 6	屋 wū I 10	科 kē II 10	高 gāu I 11
位 wèi I 9	玩 wán I 15	往 wàng I 19	按 àn II 5	秋 chyōu II 1	病 bìng I 15
住 jù I 7	青 chīng II 12	朋 péng I 6	孩 hái I 12	香 syāng II 14	旅 lyǔ II 2
你 nǐ I 1	表 byǎu I 10	知 jr̄ I 8	封 fēng II 1	風 fēng II 2	通 tūng II 12
身 shēn II 11	社 shè II 9	忽 hū II 12	政 jèng II 13	俗 sú II 14	書 shū I 7

600 characters introduced in Read Chinese I and II

神 shén II 11	隻 jr̄ II 12	雪 sywě II 8	將 jyāng II 14	痛 tùng II 10	過 gwò I 13
連 lyán II 9	留 lyóu II 5	習 syí II 9	第 dì I 7	發 fā II 10	菜 tsài I 14
哥 gē I 15	息 syì II 8	球 chyóu II 11	參 tsān II 8	畫 hwà I 17	買 mǎi I 4
城 chéng I 12	借 jyè II 9	理 lǐ II 7	夠 gòu I 15	敢 gǎn II 6	爲 wèi I 6
起 chǐ I 8	値 jŕ II 6	現 syàn I 6	動 dùng II 8	費 fèi II 9	飯 fàn I 5
恐 kǔng II 2	們 mén I 1	張 jāng I 11	魚 yú I 17	替 tì II 2	筆 bǐ I 10
院 ywàn II 10	個 gè I 1	規 gwēi II 8	郵 yóu II 2	報 bàu I 13	等 děng I 8
除 chú II 6	候 hòu I 4	救 jyòu II 15	進 jìn I 9	喜 syǐ I 15	答 dá II 9
降 jyàng II 15	條 tyáu I 17	接 jyē II 1	停 tǐng II 3	場 chǎng II 8	然 rán I 19
眞 jēn I 10	紙 jř I 10	蛋 dàn II 12	鳥 nyǎu II 8	換 hwàn II 4	無 wú II 14
夏 syà II 1	航 háng II 2	教 jyāu (jyàu) I 13	旣 jì II 11	陽 yáng II 11	短 dwǎn I 17
原 ywán II 10	**11**	推 twēi II 12	假 jyà II 8	期 chī II 7	備 bèi II 1
校 syàu I 13	深 shēn II 4	都 dōu (dū) I 4	偷 tōu II 6	黃 hwáng II 4	結 jyé II 5
剛 gāng I 1	涼 lyáng II 8	票 pyàu II 3	紹 shàu II 1	極 jí I 17	給 gěi I 3
時 shŕ I 4	清 chīng II 3	乾 gān II 2	組 dzǔ II 13	棹 jwō I 14	幾 jǐ I 6
員 ywán II 15	淺 chyǎn II 4	基 jī II 15	船 chwán I 17	黑 hēi I 17	街 jyē I 12
哭 kū I 15	淨 jìng II 2	陸 lù II 15	婚 hwūn II 5	景 jǐng II 2	**13**
草 tsǎu II 8	着 je (jāu) I 8	帶 dài I 15	得 de dé I 13	量 lyáng II 4	溫 wēn II 10
茶 chá I 14	寄 jì II 2	研 yán II 7	從 tsúng I 8	最 dzwèi I 17	新 syīn II 10
笑 syàu I 14	情 chíng I 9	堂 táng II 7	**12**	開 kāi I 13	意 yì I 6
拿 ná I 9	惜 syī II 12	常 cháng I 10	湖 hú II 11	間 jyān II 2	該 gāi II 6
能 néng I 5	部 bù II 15	問 wèn I 5	普 pǔ I 12	晚 wǎn I 7	試 shr̀ II 4
氣 chì I 11	商 shāng II 4	畢 bì II 1	道 dàu I 8	喝 hē I 18	話 hwà II 3
特 tè II 2	許 syǔ I 19	唱 chàng I 11	訴 sù I 12	單 dān II 5	裏 lǐ I 2
租 dzū II 5	望 wàng II 3	國 gwó I 3	運 yùn II 8	貴 gwèi I 9	電 dyàn II 2
倍 bèi II 13	產 chǎn II 13	處 chù II 11	就 jyòu I 5	跑 pǎu I 13	零 lǐng II 3

600 characters introduced in Read Chinese I and II

預 yù II 1	**14**	種 jǔng II 8	價 jyà II 4	學 sywé I 5	難 nán I 12
較 jyǎu II 14	滿 mǎn II 7	像 syàng II 5	練 lyàn II 9	**17**	醫 yī II 10
遠 ywǎn I 18	實 shŕ II 6	綠 lyù II 8	線 syàn II 14	濟 jì II 14	願 ywàn I 15
塊 kwài I 7	察 chá II 6	**15**	德 dé II 4	講 jyǎng II 7	題 tí II 9
楚 chǔ II 3	慢 màn I 8	窮 chyúng II 7	**16**	謝 syè I 13	關 gwān I 13
想 syǎng I 4	慣 gwàn II 14	寫 syě I 5	懂 dǔng I 2	禮 lǐ I 9	護 hù II 10
當 dāng I 15	精 jīng II 11	談 tán II 1	燈 dēng II 5	應 yīng I 15	體 tǐ II 11
賊 dzéi II 6	適 shr̀ II 4	請 chǐng I 5	燒 shāu II 10	幫 bāng I 15	觀 gwān II 8
睡 shwèi I 15	說 shwō I 3	課 kè II 8	親 chīn I 7	聲 shēng II 5	歡 hwān I 15
照 jàu II 10	誌 jr̀ II 15	論 lwùn II 14	辦 bàn I 16	聯 lyán II 15	蘇 sū II 15
號 hàu II 4	語 yǔ II 3	誰 shéi I 10	靜 jìng II 7	檢 jyǎn II 10	警 jǐng II 6
嗎 ma II 6	認 rèn I 14	熟 shú II 13	頭 tóu I 2	點 dyǎn I 6	舊 jyòu I 18
落 lwò II 15	誠 chéng II 12	廣 gwǎng II 5	據 jyù II 15	雖 swéi II 5	藥 yàu II 10
跟 gēn I 11	麼 ma I 2	熱 rè II 2	險 syǎn II 6	牆 chyáng II 5	雞 jī II 12
園 ywán II 11	需 syū II 5	暫 jàn II 5	樹 shù II 8	臉 lyǎn I 19	簡 jyǎn II 13
路 lù I 15	劃 hwà II 13	賣 mài I 4	機 jī II 3	總 dzǔng II 9	鐵 tyě II 13
葉 yè II 13	輕 chīng II 14	趣 chyù II 12	歷 lì II 9	**18**	鐘 jūng I 8
萬 wàn I 10	歌 gē I 11	鞋 syé II 4	縣 syàn II 13	類 lèi II 14	覺 jywé (jyàu) I 16
歲 swèi I 12	緊 jǐn I 11	隨 swéi II 10	器 chì II 14	懶 lǎn II 12	邊 byān I 18
業 yè II 1	團 twán II 13	樣 yàng I 17	戲 syì II 11	顏 yán II 4	織 jr̄ II 13
裝 jwāng II 14	圖 tù II 8	樓 lóu II 4	還 hái I 6	識 shr̀ I 14	
愛 ài I 9	對 dwèi I 4	概 gài II 1	館 gwǎn I 18	讓 ràng II 3	
會 hwèi I 5	管 gwǎn II 5	影 yǐng II 11	錯 tswò I 16	離 lí I 18	
解 jyě II 13	算 swàn I 14	數 shù I 19	錢 chyán I 4	雜 dzá II 15	
經 jīng I 12	銀 yín II 6	鬧 nàu II 12	興 syìng II 7	壞 hwài I 16	
鄉 syāng II 1	銅 túng II 6	鋪 pù I 6	舉 jyǔ II 9	聽 tīng I 6	

COMPARATIVE TRANSCRIPTION TABLE

Yale Wade-Giles Pinyin

Yale	Wade-Giles	Pinyin
a	a	a
ai	ai	ai
an	an	an
ang	ang	ang
au	ao	ao
ba	pa	ba
bai	pai	bai
ban	pan	ban
bang	pang	bang
bau	pao	bao
bei	pei	bei
ben	pen	ben
beng	peng	beng
bi	pi	bi
bin	pin	bin
bing	ping	bing
bou	pou	bou
bu	pu	bu
bwo	po	bo
byan	pien	bian
byau	piao	biao
bye	pieh	bie
cha	ch'a	cha
chai	ch'ai	chai
chan	ch'an	chan
chang	ch'ang	chang
chau	ch'ao	chao
che	ch'e	che
chen	ch'en	chen
cheng	ch'eng	cheng
chi	ch'i	qi
chin	ch'in	qin
ching	ch'ing	qing
chou	ch'ou	chou
chr	ch'ih	chi
chu	ch'u	chu
chung	ch'ung	chong
chwai	ch'uai	chuai
chwan	ch'uan	chuan
chwang	ch'uang	chuang
chwei	ch'ui	chui
chwo	ch'o	chuo
chwun	ch'un	chun
chya	ch'ia	qia
chyan	ch'ien	qian
chyang	ch'iang	qiang
chyau	ch'iao	qiao

Yale	Wade-Giles	Pinyin
chye	ch'ieh	qie
chyou	ch'iu	qiu
chyu	ch'ü	qu
chyun	ch'ün	qun
chyung	ch'iung	qiong
chywan	ch'üan	quan
chywe	ch'üeh	que
da	ta	da
dai	tai	dai
dan	tan	dan
dang	tang	dang
dau	tao	dao
de	te	de
dei	tei	dei
deng	teng	deng
di	ti	di
ding	ting	ding
dou	tou	dou
du	tu	du
dung	tung	dong
dwan	tuan	duan
dwei	tui	dui
dwo	to	duo
dwun	tun	dun
dyan	tien	dian
dyau	tiao	diao
dye	tieh	die
dyou	tiu	diu
dz	tzu	zi
dza	tsa	za
dzai	tsai	zai
dzan	tsan	zan
dzang	tsang	zang
dzau	tsao	zao
dze	tse	ze
dzei	tsei	zei
dzen	tsen	zen
dzeng	tseng	zeng
dzou	tsou	zou
dzu	tsu	zu
dzung	tsung	zong
dzwan	tsuan	zuan
dzwei	tsui	zui
dzwo	tso	zuo
dzwun	tsun	zun
e	e, o	e
ei	ei	ei

Yale	Wade-Giles	Pinyin
en	en	en
eng	eng	eng
er	erh	er
fa	fa	fa
fan	fan	fan
fang	fang	fang
fei	fei	fei
fen	fen	fen
feng	feng	feng
fou	fou	fou
fu	fu	fu
fwo	fo	fo
ga	ka	ga
gai	kai	gai
gan	kan	gan
gang	kang	gang
gau	kao	gao
ge	ke, ko	ge
gei	kei	gei
gen	ken	gen
geng	keng	geng
gou	kou	gou
gu	ku	gu
gung	kung	gong
gwa	kua	gua
gwai	kuai	guai
gwan	kuan	guan
gwang	kuang	guang
gwei	kuei	gui
gwo	kuo	guo
gwun	kun	gun
ha	ha	ha
hai	hai	hai
han	han	han
hang	hang	hang
hau	hao	hao
he	ho	he
hei	hei	hei
hen	hen	hen
heng	heng	heng
hou	hou	hou
hu	hu	hu
hung	hung	hong
hwa	hua	hua
hwai	huai	huai
hwan	huan	huan
hwang	huang	huang
hwei	hui	hui
hwo	huo	huo
hwun	hun	hun
ja	cha	zha
jai	chai	zhai
jan	chan	zhan
jang	chang	zhang
jau	chao	zhao
je	che	zhe
jei	chei	zhei
jen	chen	zhen
jeng	cheng	zheng
ji	chi	ji
jin	chin	jin
jing	ching	jing
jou	chou	zhou
jr	chih	zhi
ju	chu	zhu
jung	chung	zhong
jwa	chua	zhua
jwai	chuai	zhuai
jwan	chuan	zhuan
jwang	chuang	zhuang
jwei	chui	zhui
jwo	cho	zhuo
jwun	chun	zhun
jya	chia	jia
jyan	chien	jian
jyang	chiang	jiang
jyau	chiao	jiao
jye	chieh	jie
jyou	chiu	jiu
jyu	chü	ju
jyun	chün	jun
jyung	chiung	jiong
jywan	chüan	juan
jywe	chüeh	jue
ka	k'a	ka
kai	k'ai	kai
kan	k'an	kan
kang	k'ang	kang
kau	k'ao	kao
ke	k'e, k'o	ke
ken	k'en	ken
keng	k'eng	keng
kou	k'ou	kou
ku	k'u	ku
kung	k'ung	kong
kwa	k'ua	kua
kwai	k'uai	kuai
kwan	k'uan	kuan
kwang	k'uang	kuang
kwei	k'uei	kui
kwo	k'uo	kuo
kwun	k'un	kun
la	la	la
lai	lai	lai
lan	lan	lan
lang	lang	lang
lau	lao	lao
le	le	le
lei	lei	lei
leng	leng	leng

Yale	Wade-Giles	Pinyin
li	li	li
lin	lin	lin
ling	ling	ling
lou	lou	lou
lu	lu	lu
lung	lung	long
lwan	luan	luan
lwo	lo	luo
lwun	lun	lun
lya	lia	lia
lyan	lien	lian
lyang	liang	liang
lyau	liao	liao
lye	lieh	lie
lyou	liu	liu
lyu	lü	lü
lywan	lüan	lüan
lywe	lüeh	lüe
ma	ma	ma
mai	mai	mai
man	man	man
mang	mang	mang
mau	mao	mao
mei	mei	mei
men	men	men
meng	meng	meng
mi	mi	mi
min	min	min
ming	ming	ming
mou	mou	mou
mu	mu	mu
mwo	mo	mo
myan	mien	mian
myau	miao	miao
mye	mieh	mie
myou	miu	miu
na	na	na
nai	nai	nai
nan	nan	nan
nang	nang	nang
nau	nao	nao
ne	ne	ne
nei	nei	nei
nen	nen	nen
neng	neng	neng
ni	ni	ni
nin	nin	nin
ning	ning	ning
nou	nou	nou
nu	nu	nu
nung	nung	nong
nwan	nuan	nuan
nwo	no	nuo
nwun	nun	nun
nyan	nien	nian
nyang	niang	niang
nyau	niao	niao
nye	nieh	nie
nyou	niu	niu
nyu	nü	nü
nywe	nüeh	nüe
ou	ou	ou
pa	p'a	pa
pai	p'ai	pai
pan	p'an	pan
pang	p'ang	pang
pau	p'ao	pao
pei	p'ei	pei
pen	p'en	pen
peng	p'eng	peng
pi	p'i	pi
pin	p'in	pin
ping	p'ing	ping
pou	p'ou	pou
pu	p'u	pu
pwo	p'o	po
pyan	p'ien	pian
pyau	p'iao	piao
pye	p'ieh	pie
r	jih	ri
ran	jan	ran
rang	jang	rang
rau	jao	rao
re	je	re
ren	jen	ren
reng	jeng	reng
rou	jou	rou
ru	ju	ru
rung	jung	rong
rwan	juan	ruan
rwei	jui	rui
rwo	jo	ruo
rwun	jun	run
sa	sa	sa
sai	sai	sai
san	san	san
sang	sang	sang
sau	sao	sao
se	se	se
sen	sen	sen
seng	seng	seng
sha	sha	sha
shai	shai	shai
shan	shan	shan
shang	shang	shang
shau	shao	shao
she	she	she
shei	shei	shei
shen	shen	shen
sheng	sheng	sheng

Yale	Wade-Giles	Pinyin	Yale	Wade-Giles	Pinyin
shou	shou	shou	tsau	ts'ao	cao
shr	shih	shi	tse	ts'e	ce
shu	shu	shu	tsen	ts'en	cen
shwa	shua	shua	tseng	ts'eng	ceng
shwai	shuai	shuai	tsou	ts'ou	cou
shwan	shuan	shuan	tsu	ts'u	cu
shwang	shuang	shuang	tsung	ts'ung	cong
shwei	shui	shui	tswan	ts'uan	cuan
shwo	shuo	shuo	tswei	ts'ui	cui
shwun	shun	shun	tswo	ts'o	cuo
sou	sou	sou	tswun	ts'un	cun
su	su	su	tsz	tz'u	ci
sung	sung	song	tu	t'u	tu
swan	suan	suan	tung	t'ung	tong
swei	sui	sui	twan	t'uan	tuan
swo	so	suo	twei	t'ui	tui
swun	sun	sun	two	t'o	tuo
sya	hsia	xia	twun	t'un	tun
syan	hsien	xian	tyan	t'ien	tian
syang	hsiang	xiang	tyau	t'iao	tiao
syau	hsiao	xiao	tye	t'ieh	tie
sye	hsieh	xie			
syi	hsi	xi	wa	wa	wa
syin	hsin	xin	wai	wai	wai
sying	hsing	xing	wan	wan	wan
syou	hsiu	xiu	wang	wang	wang
syu	hsü	xu	wei	wei	wei
syun	hsün	xun	wen	wen	wen
syung	hsiung	xiong	weng	weng	weng
sywan	hsüan	xuan	wo	wo	wo
sywe	hsüeh	xue	wu	wu	wu
sz	ssu, szu	si			
			ya	ya	ya
ta	t'a	ta	yai	yai	yai
tai	t'ai	tai	yan	yen	yan
tan	t'an	tan	yang	yang	yang
tang	t'ang	tang	yau	yao	yao
tau	t'ao	tao	ye	yeh	ye
te	t'e	te	yi	yi, i	yi
teng	t'ĕng	teng	yin	yin	yin
ti	t'i	ti	ying	ying	ying
ting	t'ing	ting	you	yu	you
tou	t'ou	tou	yu	yü	yu
tsa	ts'a	ca	yun	yün	yun
tsai	ts'ai	cai	yung	yung	yong
tsan	ts'an	can	ywan	yüan	yuan
tsang	ts'ang	cang	ywe	yüeh	yue

NOTES ON LESSON 1

1.1	說話和看書	*shwō hwà hé kàn shū*		speaking and reading
	和	*hé*		and (when used between parallel expressions) two
			CV :	with (as in 我和他一塊兒去 *Wǒ hé tā yíkwar chyù.* I'll go together with him.) (in these two usages, 和 *he* and 跟 *gēn* have the same function.)
1.2	文章	*wénjāng*	N :	an essay, an article (章 *jāng* M: a chapter, a section, a paragraph)
1.3	凡是	*fánshr*		(Used at the beginning of a sentence and followed by a noun or a noun-clause, it means: "whatever," "whoever," as in 凡是人... *Fánshr ren*... Whoever is a human being....; 凡是我買的... *Fánshr wǒ mǎi-de*... Whatever I buy....)
1.4	文言文	*wényánwén*	N :	writings in literary style
1.5	白話文	*báihwàwén*	N :	writings in colloquial style
1.6	初學	*chūsywé*	V :	commence the study of (a subject)
	初	*chū*	BF :	the beginning, the first
	初次	*chūtsż*	N :	first time
1.7	同一段	*túngyidwàn*		the same paragraph (同一 *túngyi* always appears before a measure, meaning: "The same" as in *tungyityān* the same day.)
	段	*dwàn*	M :	paragraph, section, passage
1.8	大概	*dàgài*	A :	generally; probably
1.9	現代	*syàndài*	N :	modern (age), contemporary
		dài	M :	a generation; dynasty
1.10	因此	*yintsž*	A :	because of this
		tsž		this (lit.)

1.11	難免	*nánmyǎn*	A/SV:	inevitably/be difficult to avoid
	免	*myǎn*	V:	avoid
	免不了	*myǎnbulyǎu*	RV:	cannot avoid
1.12	困難	*kwùnnan*	N:	difficulty (困 *kwùn* BF: distress)
1.13	辭	*tsź*	N:	word, expression
1.14	用法	*yùngfǎ*	N:	usage, use, the way something is used (法 *fǎ* may be added as a suffix to any verb to form a noun to indicate "the way of V-ing," as: 寫法 *syěfǎ* N: the way of writing; 說法 *shwōfǎ* N: the way of speaking; 辦法 *bànfǎ* N: the way of doing)
1.15	表示	*byǎushr*	V:	express (示 *shr* BF: manifest)
1.16	打破	*dǎpwò*	RV:	break (down) (either material things or a difficulty, a prejudice, tradition, record, etc.)
	破	pwò	SV:	broken, ruined
1.17	必須	*bìsyū*	A:	must, necessarily (須 *syū* BF: must, necessary)
1.18	絕對	*jywédwèi*	A:	absolutely
1.19	複雜	*fùdzá*	SV:	be complicated, complex (複 *fù* BF: double, repeat)
1.20	下面兩點	*syàmyan lyǎngdyǎn*		the two items below (面 *myàn* is used as a suffix compounded with 上 *shàng*, 前 *chyán*, 後 *hòu*, 裏 *lǐ*, 外 *wài* etc., the function is the same as 頭 *tou* or 邊 *byār* as in 下頭 *syàtou* or 下邊 *syàbyar*)
	點	*dyǎn*	M:	point, item
1.21	提出來	*tíchulai*	RV:	bring up (a subject), raise (a question)
	提	*tí*	V:	mention, bring up (a subject)
1.22	減少	*jyǎnshǎu*	V:	decrease, reduce
	減	*jyǎn*	V:	diminish, subtract; minus

1.23	結果	*jyégwǒ*	A/N:	finally, as a result/solution, result
	果	*gwǒ*	BF:	fruit
	水果	*shwěigwǒ*	N:	fruit
1.24	進步	*jìnbù*	V/N:	progress
		bù	M:	step

NOTES ON LESSON 2

This lesson, as well as Lesson 3, is based on a small part of a story, Sacrifice (Syīshēng 犧牲), written by Shū Chìngchwūn (舒慶春) in the 1930's.

Mr. Shū Chìngwūn is also known as Shū Sheyú, but is better known to the public by his pen name, Lǎu Shē (老舍). He is a prolific writer; his books include Lwòtwo Syángdz (駱駝祥子), an English translation which was published in 1945 under the title the Richshaw Boy.

The writer was born in Peiping, studied in England, and visited the United States in 1946 to 1948. Since 1951 he has been Chairman of the Art and Literature Association in Peking. This story was intended to satirize a Chinese student who, upon returning to China from abroad, fails to appreciate the time-honored Chinese culture.

2.1	拿種類來說	*ná jǔnglei lai shwō*	Ph:	speaking of categories
	拿….來說	*ná....lai shwō*	Ph:	speaking of, as far as....is concerned
2.2	暖和	*nwǎnhwo*	SV:	be comfortably warm (和 is pronounced as *hwo* in this combination and serves as a suffix)(cf: 1.1)
2.3	毛博士	*Máu bwóshr*		Dr. Máu
	*博士	*bwóshr*	N:	Ph.D., doctor's degree
2.4	彼此	*bǐtsž*	A:	mutually, each other (彼 *bǐ* that; 此 *tsž* this)
2.5	啦	*la*	P:	(theoretically, *la* is a fusion of *le* and *a*, but in practical use, 啦 *la* is used interchangeably with 了 *le* except when 了 is pronounced as lyǎu.)
2.6	倒	*dàu*	A:	on the contrary

2.7	敬重	*jìngjùng*	V/SV:	respect, pay respect/be respectful
2.8	西服	*syīfú*	N:	western-style clothes
		fú	BF:	garment
2.9	自然	*dzrán*	SV/A:	be natural/naturally
2.10	舒服	*shūfu*	SV:	be comfortable
2.11	責任	*dzéren*	N:	responsibility
2.12	旁邊兒	*pángbyār*	PW:	beside, alongside
2.13	*鏡子	*jìngdz*	N:	mirror
2.14	*照鏡子	*jàu jìngdz*	VO:	look into the mirror, look at one's reflection in the mirror
2.15	轉過臉來	*jwǎngwo lyǎn lai*		turn one's face around (toward the speaker)(轉 *jwǎn* V: turn)
2.16	改變	*gǎibyàn*	V:	change (synonym compound)
2.17	並没	*bìngméi*	A:	really did not
	並不	*bìngbu*	A:	really not (both used commonly to forestall any remark in the affirmative)
2.18	的確	*díchywè*	A:	actually (the pronunciation of 的 is *di* in this expression)
2.19	吹了一口氣	*chwēile yikǒu chì*		blow out a puff of air
	吹	*chwēi*	V:	blow
2.20	好像…似的	*hǎusyàng... shrde*		it seems (the reading pronunciation of 似 is *sz*. However, in this usage, it is pronounced *shr*)
2.21	人生	*rénshēng*	N:	human life
2.22	受洋罪	*shòu yángdzwèi*	VO:	suffer ridiculously (bitter experience)(this expression is usually used jokingly. 洋 *yáng* (BF: foreign,) indicates something strange or unusual here)
	受罪	*shòu dzwèi*	VO:	suffer (hardship or distress)
	受	*shòu*	V:	receive
	罪	*dzwèi*	N:	crime; sin
2.23	於是	*yúshr*	A:	thereupon, therefore

2.24	開玩笑	*kāi wánsyàu*	VO:	joke with; pull a prank
	野蠻	*yěmán*	SV:	be barbarous, uncivilized
2.25	野	*yě*	SV:	be wild
2.26	*洗澡	*syǐdzǎu*	VO:	take a bath
2.27	*澡堂	*dzǎutáng*	N:	public bath house
2.28	*澡房	*dzǎufáng*	N:	bathroom
2.29	花	*hwā*		(onomatopoetic; indicating the soud of running water)
2.30	放水	*fàngshwěi*	VO:	turn water on; let water run out
	放	*fàng*	V:	release
2.31	口水	*kǒushwěi*	N:	saliva
2.32	自來水	*dzìláishwěi*	N:	running water

NOTES ON LESSON 3

3.1	印象	*yìnsyàng*	N:	impression (象 *syàng* BF: appearance)
	印	*yìn*	V:	print
3.2	代課	*dàikè*	VO:	take over the teaching of a class for (somebody)(代*dài* BF: substitute)(cf: 1. 9)
3.3	功課	*gūngkè*	N:	school work, lesson
3.4	毛兒	*máur*	N:	hair, feather
3.5	他說他的	*tā shwō tāde*	Ph:	he says what he pleases (this is a pattern which may apply to many expressions, as in 你走你的 *nǐ dzǒu nǐde* you go wherever you want)
3.6	留聲機	*lyóushēngjī*	N:	phonograph
3.7	怪不得	*gwàibude*	RV:	no wonder, it is not to be wondered at
	怪	*gwài*	V:	blame (as in 別怪我 *byé gwài wǒ*, don't blame me)
	難怪	*nángwài*	A:	no wonder (that)
3.8	交朋友	*jyāu péngyou*	VO:	make friends

3.9	至少	*jr̀shǎu*	A:	at least
3.10	散步	*sànbù*	VO:	take a stroll, take a walk (cf. 1.24)
	散	*sàn*	V:	scatter, disperse
3.11	繼續	*jìsyù*	AV/A:	continue to/continuously (synonym compound)
3.12	小說兒	*syǎushwōr*	N:	novel, fiction
3.13	一致	*yíjr̀*	SV:	consistent
3.14	幹	*gàn*	V:	do (a very colloquial expression for 作 *dzwò*)
3.15	不得了	*bùdělyǎu*	RV:	terrific, cannot stand, "that's the limit!"
3.16	麻煩	*máfan*	SV:	be bothersome, annoying, troublesome
			V:	trouble (as in 麻煩你 *máfan nǐ* trouble you)
3.17	啊	*a*	P:	(used to add confirmation to a statement; may be rendered by such expressions "you see", "you know")
3.18	要求	*yāuchyóu*	V:	demand (要 pronounced with the level tone here)
	求	*chyóu*	V:	seek, beg
3.19	加錢	*jyāchyán*	VO:	increase a monetary figure, raise (salary)
3.20	花錢	*hwāchyán*	VO:	spend money
3.21	順當	*shwùndang*	SV/A:	be smooth; smoothly (順 *shwùn* BF: smooth; along)
3.22	訂婚	*dìnghwūn*	VO:	become engaged (to marry)
3.23	若是	*rwòshr*	MA:	if
3.24	白花	*bái hwā*		spend in vain (白 *bái* used as an adverb, means "in vain", as in 白作 *bái dzwò*, do in vain)
3.25	氣壞了	*chìhwàile*	RV:	drive (a person) wild with anger, to arouse someone's anger to the point where he "goes to pieces," drive wild by anger

3.26	不幸	*búsyìng*	A: unfortunately
		syìng	BF: fortunate
3.27	永遠	*yǔngywǎn*	A: forever, always
3.28	偶然	*ǒurán*	A: by chance, sometimes
3.29	例如	*lìrú*	V: for example
	例(子)	*lì (dz)*	N: example
3.30	等等	*děngděng*	and so on, etc.

NOTES ON LESSON 4

Both Lesson 4 and Lesson 5 are taken from a modern play, Sunrise (日出 Rchū). The author of the play is Wàn Jyābǎu (萬家寶), whose pen name is Tsáu Yǔ (曹禺).

Sunrise was designed to portray the dark side of old Chinese society.

Mr. Wàn was invited by the U. S. State Department to visit the U. S. after World War II. He is still very active in cultural activities on the mainland.

4.1	話劇	*hwàjyù*	N: dialogue play (Traditional Chinese dramas usually took the form of musical plays, in which the dialogue is largely in literary style. Since the Chinese literary revolution of 1919, the *hwàjyù* or "dialogue play" has developed in which the dialogue is written in everyday languagu.)
4.2	*李石清	*Lǐ Shŕchīng*	N: aname
4.3	秘書	*mìshū*	N: secretary
4.4	*黃省三	*Hwáng Syǐngsān*	N: a name
4.5	書記	*shūji*	N: clerk
4.6	被	*bèi*	(This expression is used in two common structures: a. 被 V as in 被請 bèi chǐng be invited, 被辭退 bèi tsź-twèi, be discharged. b. 被 N V as in 被人打了 *bèi rén dǎ le*, be beaten by someone. In both cases, it is a signal to show action suffered. by the subject, hence "passive" action.)

4.7	辭退	*tsźtwèi*	V:	discharge, (辭 may be used alone to carry the same meaning, as in *Tāmen tsźle wǒ le*, they discharged me.)
	辭人	*tsźrén*	VO:	discharged personnel (the character is the same form as used for *tsz* word. cf: 1.13)
4.8	*潘月亭	*Pān Ywèting*	N:	a name
4.9	經理	*jīnglǐ*	N:	manager
4.10	*張喬治	*Jāng Chyáujr̀*	N:	a name. Chyáujr̀ is the Chinese transliteration of George, indicating to a Chinese reader that the man is westernized.
4.11	講究	*jyǎngjyou*	SV:	be meticulous, be particular about
4.12	主人	*jǔren*	N:	host; owner
4.13	米	*mǐ*	N:	raw rice
4.14	餓得又哭又叫	*ède yòukūyòu jyàu*		so hungry that (they) are crying and yelling
	餓	*è*	SV:	be hungry
4.15	受不了	*shòubulyǎu*	RV:	cannot stand it (cf: 2.22)
4.16	掛上	*gwàshang*	V:	hang up
4.17	欠錢	*chyàn chyán*	VO:	owe money
4.18	您	*nín*	N:	you (polite form of 你 nǐ)
4.19	算怎麼回事	*swàn dzěmma hwéishr̀*		what's all this supposed to be (implying disapproval)
4.20	待	*dài*	V:	treat
4.21	可憐	*kělyán*	V/SV:	have pity on.../be pitiful, pitiable
4.22	眼	*yǎn*	N:	eye
4.23	付	*fù*	V:	pay, give
4.24	亮	*lyàng*	SV:	be bright
4.25	上班	*shàngbān*	VO:	go to the office, go to class

	班	*bān*	M: class
4.26	不止一次	*bùjř yítsz̀*	Ph: not only once (but many times)
	止	*jř*	BF: stop
4.27	添	*tyān*	V: add, supplement with, (not used for doing a sum in addition)
4.28	他老人家	*tā lǎurénjyā*	N: he (honorific for 他)
4.29	累	*lèi*	SV: be tired
4.30	就是…也…	*jyòushr…yě…*	A: even if…
4.31	毛病	*máubing*	N: defect, bad habit
4.32	換一句話說	*hwàn yíjyu hwà shwō*	Ph: in other words
4.33	*自私	dz̀sz̄	SV: be selffsh
4.34	存下錢	*tswúnsya chyán*	VO: save money
	存	*tswún*	V: store; deposit
4.35	天理良心	*tyānlǐ lyángsyīn*	N: "on my word of honor!" "as I have a conscience!"
	良心	*lyángsyin*	N: conscience

NOTES ON LESSON 5

5.1	開例	*kāilì*	VO: set a precedent (cf: 3.29)
5.2	拉洋車	*lāyángchē*	VO: pull a rickshaw
5.3	拉不動	*lābudùng*	RV: cannot move (it) by pulling
5.4	猜	*tsāi*	V: guess
5.5	搶	*chyǎng*	V: rob, snatch
5.6	養家	*yǎngjyā*	VO: support one's family
	養	*yǎng*	V: support (as dependents); nourish
5.7	指	*jř*	V: point
5.8	層	*tséng*	M: a story (of a building)
5.9	頂	*dǐng*	A: extremely (the top)
5.10	心跳	*syīntyàu*	SV: be fearful, apprehensive, "jumpy"
	跳	*tyàu*	V: jump

5.11	自殺	*dz̀shā*	V: commit suicide
	殺	*shā*	V: kill
5.12	媽	*mā*	N: mama
5.13	啊	*á*	P: what (with a rising tone) (cf: 3.17)
5.14	面前	*myànchyan*	N: in front of (someone's face) (面 *myàn* BF: face, cf: 1.20)
5.15	活下去	*hwósyachyu*	RV: continue to live
	下去	*syàchyu*	RVE: continue to...
5.16	豈有此理	*chǐyǒutsžlǐ*	Ph: How can it be so? It's ridiculous. Where do you get that?
5.17	碗	*wǎn*	M/N: bowl
5.18	命	*mìng*	N: life
	生命	*shēngmìng*	N: life
5.19	強盜	*chyángdàu*	N: robber (盜 *dàu* BF: rob, steal)
	强	*chyáng*	SV: be strong
5.20	鬼	*gwěi*	N: devil; ghost
5.21	你這東西	*nǐjèdūngsyi*	N: "son of a gun!," you (are) such a wretched creature
5.22	非要殺….	*fēiyàu shā...*	(An incomplete form of 非要殺….不可 *fēiyàu shā... bùkě* which might be translated: "Nothing will do except killing...")
5.23	倒	*dǎu*	V: fall (倒 is the same form as used for *dàu* contrary. cf: 2.6)
5.24	狗	*gǒu*	N: dog
5.25	牛	*nyóu*	N: cow, cattle
5.26	養分	*yǎngfen*	N: nutrition
5.27	磅	*bàng*	M: pound (a transliteration)
5.28	生牛肉	*shēng nyóuròu*	N: raw beef
5.29	聞	*wén*	V: smell

5.30	何況	*hèkwàng...*	V: how much more (況 means "even more so" as in 況且 *kwàngchyě* moreover)

NOTES ON LESSON 6

The two articles in this lesson were originally written by Dr. Hú Shr̀ (Hu Shih 胡適 1891-), a noted Chinese scholar, philosopher and educator. Dr. Hú came to the U.S. to study when he was eighteen, and received his Ph.D. from Columbia University. After returning to China he taught for many years at the National Peking University. He is now President of the Academia Sinica in Taiwan. Dr. Hú is also known for his leadership in the "literary revolution" of 1919, advocating, among other things, the use of the vernacular language in writing.

In the first article Dr. Hú pointed out a very common weak point shared by the majority of the Chinese people, that is, a devotion to approximation, instead of to precision. Dr. Hú created the humorous "Chàbudwō Syānsheng," who could be any Chinese, and repeatedly used a common Chinese expression-- "bushr chàbudwō ma?"

In the second article, entitled "Syīnshēnghwó," Dr. Hú attacked the old Chinese way of living and clearly defined what a new life should be.

6.1	提起此人	*tíchi tsžrén*	when this person is mentiond (cf: 1.10 and 1.21)
	此地	*tsždì*	this place, here
	此時	*tsžshŕ*	now
6.2	各村	*gètswūn*	N: each village, all villages
	村子	*tswūndz*	N: village
6.3	代表	*dàibyǎu*	N/V: a representative, representation/ represent (cf: 3.2)
6.4	長的	*jǎngde*	grow to be (長 is pronounced as *jǎng*)
6.5	雙	*shwāng*	M: a pair of
6.6	腦子	*nǎudz*	N: the brain
	頭腦	*tóunǎu*	N: the mind
6.7	記性	*jìsying*	N: memory (性 *syìng* BF: quality, nature)
6.8	紅糖	*húngtáng*	N: brown sugar
	糖	*táng*	N: sugar, candy

6.9	弄錯了	*nùngtswòle*	RV:	made a mistake, didn't do it right
	弄	*nùng*	V:	do, handle, make
6.10	白糖	*bàitáng*	N:	cane-sugar
6.11	罵	*mà*	V:	scold; curse
6.12	河北省	*Héběishěng*	PW:	Hopei Province
6.13	山東	*Shāndūng*	PW:	Shantung Province
6.14	山西	*Shānsyí*	PW:	Shanhsi Province
6.15	獸醫	*shòuyí*	N:	veterinarian (獸 *shòu* BF: beast) as in 野獸 *yěshòu* wild beast)
6.16	牀	*chwáng*	N:	bed
6.17	斷斷續續	*dwàndwansyùsyu*	A:	intermittently, off and on
	斷了	*dwànle*	V:	be broken (of something long, as a stick
6.18	酒店	*jyǒudyàn*	N:	liquor store; bar
	店	*dyàn*	N:	store; inn
6.19	四兩酒	*sz̀lyǎng jyǒu*		four ounces of liquor
	兩	*lyǎng*	M:	a Chinese ounce (equiv. 1⅓ of an English ounce)
6.20	喝得大醉	*hēde dà dzwèi*		drink until very drunk
	醉了	*dzwèile*	V:	be intoxicated
6.21	幸虧	*syǐngkwēi*	A:	fortunately (cf: 3. 26)
	吃虧	*chr̄kwēi*	VO:	suffer loss, "get stung"
6.22	酒醒了	*jyǒu syǐngle*		recover from drunkenness
	醒了	*syǐngle*	V:	be awakened
	叫醒	*jyàusying*	RV:	awake
6.23	馬上	*mǎshàng*	A:	immediataely(colloquial)
	馬	*mǎ*	N:	horse
6.24	打牌	*dǎpái*	VO:	play cards, play mahjong (a Chinese card game)(牌 *pái* N: placard)
6.25	輸	*shū*	V:	lose(as in games or gambling)

6.26	賭錢	*dǔchyán*	VO: gamble (賭 *dù* V: gamble, bet)
6.27	究竟	*jyōujìng*	A: after all (竟 *jìng* BF: end)
6.28	動物	*dùngwu*	N: animal (物 *wù* BF: thing)
	動物園	*dùngwuywán*	N: zoo

NOTES ON LESSON 7

This lesson is an adaptation of two articles by the famous Chinese left-wing writer Jōu Shùrén (周樹人 1881-1936), who is better known by his pen name Lǔ Syùn (魯迅). As early as 1918 he published his first article, "A Madman's Diary," a powerful attack on the feudal social system and conventions. His keen observation and sharp words aroused the sympathy and indignation of the people of that period.

In the first article Lǔ Syùn mentioned three kinds of people: the "smart" people, who never wanted to shoulder any responsibility; the honest people, who were often called stupid and driven away by others; and the third kind, who always complained but never took any action. Lǔ Syùn despised this last group of people the most.

In the second article Lǔ Syùn pointed out that most people like to be praised even if they know that the praise is unfounded. According to Lǔ Syùn, decent people often find themselves in a dilemma: either to make groundless praises, pleasing others, or, to tell the truth, displeasing others.

7.1	聰明	*tsūngmíng*	SV: be clever, intelligent (聰 *tsūng* BF: quick of apprehension)
7.2	遇見	*yùjyan*	RV: meet (遇 *yù* BF: meet)
7.3	我過的簡直不是人的生活	*wǒ gwòde jyǎnjŕ búshr rénde shēnghwo*	the life that I am leading is simply subhuman
7.4	猪	*jū*	N: hog
	猪肉	*jūròu*	N: pork
7.5	使	*shř*	CV: make, cause (equiv. 讓 *ràng* in this use)
7.6	作工	*dzwògūng*	VO: work, do manual labor
7.7	種田	*jùngtyán*	VO: plough the field
	田	*tyán*	N: field, land
7.8	受罰	*shòufá*	VO: receive punishment (cf: 2, 22)

	罰	*fá*	V:	punish
7.9	得着	*déjau*	RV:	got (得 pronounced as *de* when it means "get")
7.10	吃驚	*chr̄jīng*	VO:	frightened (驚 *jīng* BF: alarm, frighten)
	大驚	*dàjīng*		be greatly surprised
	大吃一驚	*dàchr̄ yijīng*		be greatly frightened
7.11	濕	*shr̄*	SV:	be wet
7.12	暗	*àn*	SV:	be dark
7.13	窗子	*chwāngdz*	N:	window
7.14	泥牆	*níchyáng*	N:	mud walls 泥 N: mud
7.15	在	*dzài*	A:	just in the midst of
7.16	毀	*hwěi*	V:	destroy
7.17	打出洞來了	*dǎchu dùng láile*	Ph:	break a hole into
	洞	*dùng*	N:	hole, cave
7.18	喊	*hǎn*	V:	call, yell
7.19	趕走	*gǎndzǒu*	RV:	chase away (趕 *gǎn* V: drive away)
	趕緊	*gǎnjǐn*	A:	speedily, at once
	趕得上	*gǎndeshàng*	RV:	able to catch up
7.20	勝利	*shènglì*	N:	victory (勝 *sheng* BF: conquer, win)
7.21	作文	*dzwòwén*	VO:	write a composition
7.22	夢見	*mèngjyan*	RV:	dream, dream of
	夢	*mèng*	N:	dream
	作夢	*dzwòmèng*	VO:	have a dream
7.23	十分	*shŕfēn*	A:	completely; one hundred per cent
7.24	賀喜	*hèsyǐ*	V/N:	congratulate / congratulation (賀 *hè* BF: congratulate)
7.25	發財	*fātsái*	VO/Ph:	make lots of money/wish you make a lot of money (財 *tsái* BF: wealth)

7.26	作官	*dzwògwān*	VO: be an official, as an official
	官	*gwān*	N: official
	作人	*dzwòrén*	VO: be a human being, conduct one's self (as a member of society)
7.27	假話	*jyǎhwà*	N: false saying (假 *jyǎ* is the same form of *jyà* in *fangjyà* 放假)
	假的	*jyǎde*	false
7.28	哈哈	*hāhā*	sound of hearty laughter

NOTES ON LESSON 8

This letter was originally written by Syè Wǎnyíng (謝婉瑩 1902-), who is better known to her readers by her pen name Syè Bīngsyīn (謝冰心). Miss Syè is a graduate of Yenching University, Peiping, and received a master's degree from Wellesley College in 1926.

This letter was written when she was studying at Wellesley. Far away from home, and alone in a foreign nation, she was very homesick. In this letter she reminisced about the calls of fruit-sellers in Peiping (it was date-sellers in the original letter), flowers in her garden and many other things. She also asked her brother to write to her more often.

Other letters in To Young Readers (Jì Syǎudúje̍ 寄小讀者) describe with warmth and beauty her family and school life. These letters have been widely read and loved by young people.

8.1	一天一天的	*yityān-yityānde*	A: day after day
8.2	晴	*chíng*	V: clear sky
	晴天	*chíngtyān*	VO: clear sky
8.3	寸	*tswùn*	M: Chinese inch (1/10 of a Chinese foot)
8.4	厚	*hòu*	SV: be thick
8.5	傘	*sǎn*	N: umbrella
8.6	岸	*àn*	N: shore
8.7	詩	*shr̄*	N: poem head back
8.8	回頭	*hwéitóu*	VO: turn the head back
8.9	金髮	*jīnfǎ*	N: golden hair
	頭髮	*tóufa*	N: hair (on the human head)
8.10	藍	*lán*	SV: be blue

8.11	翻譯成	*fānyìchéng*	RV:	translate into
	翻譯	*fānyì*	V/N:	translate/translation (synonym compound)
	翻成	*fānchéng*	RV:	translate into
8.12	*相識	*syāngshr̀*	V:	be acquainted with
8.13	中間	*jūngjyān*	PW:	in the midst, middle, center
8.14	*直至	*jr̀jr̀*	N:	until, up to (a certain time or place) 至 *jr̀* BF: reach, arrive)
8.15	海外	*hǎiwài*	N:	overseas
8.16	*英格蘭	*Yīnggélán*	PW:	England
8.17	*付與	*fuyǔ*	V:	give
	與	*yǔ*	CV:	with, and (literary)
8.18	*何等樣	*héděngyàng*	N:	what kind
8.19	傳來	*chwánlái*	V:	send over here (傳 *chwán* V: pass, transmit)
8.20	快樂	*kwàilè*	SV/N:	be happy/happiness (樂 *lè* SV: be happy)
8.21	失望	*shr̄wàng*	SV:	be disappointed
8.22	不肯不	*bùkěnbu*	AV:	insist on
	肯	*kěn*	AV:	be willing to
8.23	漸	*jyàn*	A:	gradually
	漸漸的	*jyànjyānde*	A:	gradually
8.24	千萬	*chyānwàn*	A:	by all means
8.25	從來	*tsúnglái*	A:	heretofore
8.26	附近	*fùjin*	PW:	vicinity, near by (附 *fù* BF: attach)
8.27	它	*tā*	N:	it
8.28	引起	*yǐnchǐ*	V:	entail, cause, give rise to, bring (i.e. happiness, sadness, attention, etc. 引 *yǐn* V: lead, draw out)
8.29	小朋友	*syǎupéngyou*		(In her To Young Readers which appeared in newspapers the author addressed her readers as "小朋友".)

8.30	途中	*tújūng*	N: on the road, during the trip (途 *tú* BF: road, journey)
8.31	一兩天內	*yìlyǎngtyānnèi*	Ph: within a day or two (內 *nèi* BF: within, inside)
	以內	*yǐnèi*	MA: within

NOTES ON LESSON 9

This diary was published in The People's Daily (Rénmín Rbau 人民日報), September 12, 1957. It depicts rural life in Communist China before the villages in the vicinity of Shanghai had been communized.

The People's Daily is the official organ of the Chinese Communist Party.

9.1	農村	*núngtswūn*	N: farm village (農 *núng* BF: agriculture)
	農人	*núngrén*	N: farmer
9.2	日記	*r̀jì*	N: diary
9.3	篇	*pyān*	M: (for an article, essay, etc.)
9.4	作者	*dzwòjě*	N: author, writer
	者	*jě*	BF: those who, that which
9.5	農業	*núngyè*	N: agriculture
9.6	工作	*gūngdzwò*	N: work, task
9.7	紅旗	*húngchí*	N: red flag
	國旗	*gwóchí*	N: national flag
	旗子	*chídz*	N: flag
9.8	農業社	*núngyeshè*	N: farm co-op
9.9	同志	*túngjr̀*	N: comrades
9.10	除草	*chútsǎu*	VO: to weed (除 *chú* V: remove, do away with)
9.11	除去	*chúchyu*	V: eradicate, do away with
9.12	根	*gēn*	M: (for grass, clubs, etc.)
9.13	聽指揮	*tīng jǐrhwēi*	VO: obey an order (揮 *hwēi* BF: wield; 指揮 V/N: direct, command)
9.14	豆子	*dòudz*	N: beans
9.15	尤其是	*yóuchíshr̀*	A: especially (尤 yóu BF: still more)

其	*chí*	BF:	his, her, its, their (lit.)
其他	*chítā*		other
其中	*chíjūng*		in which
9.16 她	*tā*	N:	she, her
9.17 了解	*lyǎujyě*	V:	understand
9.18 知識分子	*jrshrfendž*	N:	intelligentsia, (分 is pronounced as *fèn* in the combination of 分子 and 子 is stressed)
知識	*jrshr*	N:	knowledge
分子	*fendž*	N:	element
9.19 勞動	*láudùng*	N/V:	labor (勞 *láu* BF: toil)
9.20 陰	*yīn*	SV:	be cloudy
陰天	*yīntyān*	VO/N:	become cloudy/cloudy day
9.21 弱	*rwò*	SV:	be weak
9.22 樹林子	*shùlíndz*	N:	woods (林 *lín* BF: grove)
9.23 整年	*jěngnyán*	TW:	whole year (整 *jěng* BF: whole)
整天	*jěngtyān*	TW:	whole day
9.24 感謝	*gǎnsyè*	SV:	be grateful (感 *gǎn* BF: gratitude)
9.25 妻	*chī*	N:	wife (lit.)
妻子	*chīdž*	N:	wife
夫妻	*fūchī*	N:	husband and wife
9.26 贊成	*dzànchéng*	V:	approve (贊 *dzàn* BF: approve of)
9.27 學問	*sywéwen*	N:	learning
9.28 經驗	*jīngyàn*	N:	experience (驗 *yàn* V: examine)
試驗	*shìyàn*	V/N:	experiment
9.29 努力	*nǔlì*	SV:	make an effort, work hard (努 *nǔ* BF: exert)
9.30 當…時候	*dāng...shŕhou*	Ph:	when (or while)....

NOTES ON LESSON 10

A Doctor's Travelogue (Lǎu Tsán Yóujì 老殘遊記) is a very popular book written in the latter part of the Chīng Dynasty (1644-1911 A.D.). In his book the author Lyóu E (劉鶚 1850-1910) describes, among other things, the scenery and customs of various places. The first article of this lesson is an adaptation of a section from that book. In the section, the author describes the scenery of Dàmínghú (大明湖), a lake in Jinán (濟南), capital of Shāndūng (山東) Province.

Táu Chyán (陶潛 372-427), the author of the second article, Táuhwāywánji, (桃花源記) was a scholar of the Jìn Dynasty (317-419 A.D.). In his article, Táu created a fictitious place, The Peach-blossom Spring, and described the life of a utopian community. The article was originally written in literary style.

10.1	*大明湖	*Dàmínghú*	PW: (name of a lake in Jinán, capital of Shāndūng Province)
10.2	*老殘	*Lǎutsán*	N: (pen name of Lyóu, the author of Doctor's Travelogue; the hero of the story)
10.3	動身	*dùngshēn*	VO: start a trip
10.4	美麗	*měilǐ*	SV: beautiful (麗 *lì* BF: beautiful)
10.5	*濟南	*Jǐnán*	PW: (capital of Shāndūng Province)
10.6	*歷下亭	*Lìsyàtíng*	PW: Lìsyà Pavilion (亭子 *tíngdz* N: pavilion) (Lìsyà is an old name of Jìnán.)
10.7	一副	*yifu*	M: a pair
	副	*fù*	BF: deputy, assistant
	副校長	*fùsyàujǎng*	N: vice principal (of a school)
10.8	對子	*dwèidz*	N: a couplet (usually written and mounted for house decoration)
10.9	古	*gǔ*	SV: be ancient
10.10	*名士	*míngshr̀*	N: a famous scholar, gentry
10.11	廟	*myàu*	N: temple
10.12	樹木	*shùmu*	N: trees (木 *mu* BF: wood)
	木頭	*mùtou*	N: wood
10.13	打魚的	*dǎyúde*	N: fisherman
10.14	影子	*yǐngdz*	N: shadow; image

10.15	顯得明明白白	*syǎnde míng-ming-báibai*	Ph:	appear clearly (顯 *syǎn* V: appear)
	明顯	*míngsyǎn*	SV:	be obvious
10.16	碰	*pèng*	V:	touch; run into
10.17	桃花源	*táuhwāywán*	N:	Peach-Blossom Spring (桃花 *táuhwā* N: peach-blossom)
10.18	記	*jì*	BF:	record, sketch (often used in a title)
10.19	在空中	*dzài kūngjūng*	PW:	in the air
10.20	飛舞	*fēiwǔ*	V:	wave, float (in the air) (舞 *wǔ* N: dance)
	跳舞	*tyàuwǔ*	VO/N:	dance
10.21	寬	*kwān*	SV:	be wide, broad
10.22	整齊	*jěngchí*	SV:	be in good order, neat
	齊	*chí*	SV:	be even, regular, uniform
10.23	竹子	*júdz*	N:	bamboo (竹 *jú* BF: bamboo)
10.24	詳詳細細的	*syángsyang syìsyìde*	A:	in detail (詳 *syáng* BF: in detail; 細 *syì* SV: be minute, careful)
	詳細	*syángsyì*	A/SV:	in detail, detailed
10.25	祖先	*dzǔsyān*	N:	ancestors (祖 dzǔ BF: ancestor)
	祖父	*dzǔfu*	N:	grandfather (paternal)
	祖母	*dzǔmǔ*	N:	grandmother (paternal)
10.26	大亂	*dàlwàn*	N:	chaos, turmoil
		lwàn	SV:	be disorderly
10.27	逃	*táu*	V:	escape, run away
	逃走	*táudzǒu*	V:	escape, run away
10.28	避難	*bǐnàn*	VO:	run away from trouble, escape calamity (避 *bǐ* V: avoid, stay away from, hide)
10.29	朝代	*cháudài*	N:	dynasty (cf: 1.9)
	清朝	*chīngcháu*	N:	The Ching Dynasty (1644-1911 A.D.)
	朝	*cháu*	BF:	dynasty

10.30	其餘的	*chíyúde*	N: the rest
	餘	*yú*	BF: the rest, more than
	一百餘人	*yìbǎiyú rén*	more than one hundred people
10.31	招待	*jāudài*	V: entertain (招 *jāu* BF: beckon)
10.32	記號	*jìhau*	N: mark

NOTES ON LESSON 11

The story in this lesson is taken from a famous Chinese novel entitled Scholars (Rúlínwàishř 儒林外史), written by Wú Jìngdž (吳敬梓 1701-1754). In that book, the author directed his satire against the hypocrisy of the old society and also against the old civil service examination system which was the stepping-stone to a higher position socially and politically.

In the story in this lesson, the author uses as the hero Wáng Myǎn (王冕 1335-1407), who was actually a very important painter of plum-blossoms in Chinese art history, a nature-lover, and a self-made man.

11.1	*王冕	*Wáng Myǎn*	N: (name of a Chinese artist)
11.2	少年時代	*shàunyán shŕdài*	N: period of youth
11.3	畫家	*hwàjyā*	N: artist (in painting)
	家	*jyā*	BF: (a suffix to indicate a specialist)
11.4	作針線	*dzwò jēnsyàn*	VO: to do sewing, tailoring
	針	*jēn*	N: needle; pin
11.5	供給	*gūngjǐ*	V: support (供 *gūng* BF: supply; 給 is pronounced as *jǐ* in this combination)
11.6	讀書	*dúshū*	VO: study, read books (讀書 is used in wider areas than 念書 which is rather limited in the northern part of China)
11.7	收成	*shōuchéng*	N: a harvest, agricultural production
11.8	靠	*kàu*	CV: depend on.... (for a living)
11.9	如何供得起你讀書	*rúhé gūngdechǐ ni dúshū*	how can (I) afford to support you to go to school
11.10	鄰居	*língjyū*	N: neighbor (鄰 *lín* BF: neighbor; 居 *jyū* BF: to reside)

11.11	*秦家	*Chínjya*	N: the Chín family
11.12	雇	*gù*	V: hire
11.13	放牛	*fàngnyóu*	VO: tend cows (放 *fàng* V: release) (cf: 5.25)
11.14	娘	*nyáng*	N: mother
11.15	仍舊	*réngjyòu*	A: still, yet
	仍	*réng*	BF: still
11.16	商議	*shāngyi*	V: discuss, talk over (same as 商量 *shānglyang*)
	議	*yì*	BF: discuss
11.17	渴	*kě*	SV: be thirsty
11.18	丟	*dyōu*	V: lose (丟 *dyōu* may be used as in 放丟了 *fàngdyōule*)
11.19	答應	*dāying*	V: answer, agree with, promise, say "yes"
11.20	難過	*nángwò*	SV: be sad
11.21	*荷葉	*héyè*	N: lotus leaves (The Chinese use lotus leaves to wrap up wet articles. It serves the same purpose as wax paper.)
11.22	夏季	*syàjì*	N: summer season
	季	*jì*	M: season (as 四季 *szjì* four seasons)
11.23	一陣大雨	*yíjèn dàyǔ*	a shower (of rain)
	陣	*jèn*	M: (for rain or wind storms)
11.24	雲	*yún*	BF: cloud (colloq. *yúntsai*)
11.25	透	*tòu*	V: penetrate, pass through
11.26	照	*jàu*	V: shine on, put a light on
11.27	樹枝	*shùjr̄*	N: twig, branch (of a tree)
11.28	枝	*jr̄*	M: (for a branch of a plant, pencils, cigarettes, etc.)
11.29	*荷花	*héhwā*	N: lotus flower
11.30	*水珠	*shwěijū*	N: water drops ("pearls of water")
11.31	顏料	*yánlyàu*	N: (color) pigment, dyestuff

	料	*lyàu*	BF:	material
11. 32	像……一般	*syàng...yibān*	Ph:	resemble, alike (same as 像…一樣 *syàng*....yíyàng)
11. 33	越來越多	*ywèláiywèdwō*	Ph:	getting more and more
	越來越	*ywèláiywè..SV*	Ph:	getting more..adj...all the time

NOTES ON LESSON 12

This lesson is taken from a lecture delivered by Lyáng Chǐchāu (梁啓超 1873-1929) in Jūnghwá Vocational School, Shanghai in August, 1922. Mr. Lyáng advocated a new style of prose with the virtues of simplicity and fluency. His style, which used colloquialisms and sentence structure borrowed from foreign languages, greatly influenced his contemporaries and later writers. In this lecture, he urged students to develop in their future professions two basic attitudes: "interest" and "responsibility".

12. 1	*敬業	*jìngyè*	VO:	take one's work seriously, respect (one's own) job
12. 2	*樂業	*lèyè*	VO:	enjoy one's work (collog. *syǐhwan (ta) dzwòde shr̀*)
12. 3	造	*dzàu*	V:	make, create, "coin" (words)
12. 4	相信	*syāngsyìn*	V:	to believe in
12. 5	職業	*jŕyè*	N:	profession
12. 6	態度	*tàidù*	N:	attitude, manner
12. 7	把事當正經事作	*bǎ shr̀ dàng jèngjing shr̀ dzwò*		treat the affair as a serious matter
	把··N_1··當 N_2··作	*bǎ..N_1..dàng.. N_2..dzwò*		take N_1 and treat it as N_2, treat N_1 as N_2
12. 8	正經	*jèngjing*	SV:	be serious
12. 9	集中	*jíjūng*	V:	concentrate (集 ji BF: to collect, gather)
12. 10	一方面…一方面…	*yìfāngmyàn... yìfāngmyàn...*		on one hand...and on the other hand
12. 11	爲生活而勞動	*wèi shēnghwo ér láudùng*		to labor for the sake of a living
	爲……而……	*wèi..N..ér..V..*		to V for the purpose of N
12. 12	能力	*nénglì*	N:	ability
12. 13	環境	*hwánjìng*	N:	environment

12.14	選	*sywǎn*	V:	select
12.15	大總統	*dàdzǔngtǔng*	N:	president (of a country)
12.16	名稱	*míngchēng*	N:	title, name
12.17	性質	*syìngjr̀*	N:	nature
12.18	總而言之	*dzǔngéryánjr̄*	Ph:	to sum up, in one word
12.19	圓滿	*ywánmǎn*	SV:	be perfect, satisfactory
	圓	*ywán*	SV:	be round
12.20	第一等	*dìyīděng*	SP NU-M:	first class
12.21	價值	*jyàjr*	N:	value
12.22	人羣	*rénchyún*	N:	humanity
12.23	盡(責任)	*jìn dzérèn*	VO:	live up to responsibility
		jìn	V:	to exhaust, exhaustive
12.24	成績	*chéngji*	N:	result, achievement
12.25	達到目的	*dádau mùdi*	VO:	attain a goal (達 *dá* BF: reach)
	達到	*dádàu*	V:	attain, reach
12.26	勞苦	*láukǔ*	N:	hardship (cf: 9.19)
12.27	無業遊民	*wúyèyóumín*	N:	unemployed idler, vagrant
	遊	*yóu*	BF:	travel, roam
12.28	痛苦	*tùngkǔ*	N/SV:	bitter suffering, be painful
12.29	趣味	*chyùwèi*	N:	interest
12.30	理由	*lǐyóu*	N:	reason (由 yóu BF: cause)
12.31	變化	*byànhwà*	N:	change
12.32	競爭	*jìngjēng*	V:	compete (synonym compound)

NOTES ON LESSON 13

This lesson is an adaptation of part of a lecture delivered in Ling Nan University, Canton, by Dr. Sun Yat-sen (Swūn Wén 孫文 1866-1925).

In his lecture, Dr. Sun encouraged college students to have ambition enough to engage in noble endeavors but not simply to seek political positions.

13. 1	立志	*lìjr*	VO:	make up the mind (to accomplish something)(cf: 9. 9
13. 2	各位	*gèwèi*	Sp-M:	every one of you, everybody
13. 3	受教育	*shòu jyàuyu*	VO:	receive education (育 *yù* BF: nurture)
13. 4	沒有…以前	*méiyou...yǐchyán*		before
13. 5	依我看來	*yī wǒ kàn lái*	Ph:	according to my point of view, it seems to me
	依	*yī*	CV:	according to
	依靠	*yīkàu*	V:	depend upon (cf: 11. 8)
13. 6	思想	*sz̄syǎng*	N:	thought
13. 7	志願	*jr̀ywàn*	N:	ambition, will (cf: 9. 9)
13. 8	幾千年以來	*jǐchyānnyán yǐlái*		it has been several thousand years up until now
13. 9	專	*jwān*	A:	solely, specially
	專家	*jwānjyā*	N:	specialist (cf: 11. 3)
13. 10	利益	*lìyi*	N:	benefit, advantage (益 *yì* BF: benefit)
13. 11	大衆	*dàjùng*	N:	the masses, public (衆 *jùng* BF: multitude)
13, 12	*中華民國	*Jūnghwámíngwó*	N:	The Republic of China
13. 13	重新建設	*chúngsyīn jyànshè*		reconstruct(重 is pronounced as *chúng* in the compound 重新 *chúngsyīn* A: once again)
	建設	*jyànshè*	V:	establish (建 *jyàn* build; 設 *shè* establish)
13. 14	使…和…平等	*shř..N_1..hé..N_2 píngděng*		make N_1 equal to N_2
13. 15	文明	*wénmíng*	N:	civilization

13.16	歐美各國	*Ōuměi gègwó*	N: the various nations of Europe and America
13.17	提倡	*tichàng*	V: promote (倡 *chúng* BF: to initiate, advocate)
13.18	國家	*gwójyā*	N: country, nation
13.19	建立	*jyànlì*	V: establish (cf: 13. 13)
13.20	以國家爲自己的責任	*yǐ gwójyā wéi dzjǐde dzéren*	regard the (affairs of the) country as (one's) own responsibility
	以……爲……	*yǐ... wéi...*	regard...as...
13.21	事業	*shrye`*	N: affair
13.22	擔負(責任)	*dānfu (dzéren)*	V: bear (responsibility), to shoulder (擔 *dān* V: shoulder)
13.23	政治事業	*jèngjr shrye*	N: political affairs, political undertaking
	政治	*jèngjr*	N: politics, government
13.24	成功	*chénggūng*	SV: be successful (cf: 3. 3)
13.25	政權	*jèngchywán*	N: political power, regime
	權	*chywán*	N: (political) power
13.26	有勢力	*yǒushrli*	SV: be influential
	勢力	*shrli*	N: influence, power
13.27	範圍	*fanwéi*	N: scope, sphere
13.28	勸	*chywàn*	V: urge, advise
13.29	從頭到尾	*tsúngtóu-dàuwěi*	Ph: all the way through from beginning to end (尾 *wěi* BF: tail)
13.30	皇帝	*hwángdì*	N: emperor (帝 *dì* BF: emperor)
	帝國主義	*dìgwójǔyì*	N: imperialism
13.31	普通	*pǔtūng*	SV: be common
13.32	地位	*dìwèi*	N: position
13.33	消滅	*syāumyè*	V: wipe out, extinguish, (消 *syāu* BF: extinguish)

13. 34	個人	*gèrén*	N: an individual, one's self
13. 35	長處	*chángchu*	N: good point, strong point (of people)
13. 36	學….知識來….作一件大事	*sywé... jr̄shr lai... dzwò yījyan dàshr̀*	to gain...knowledge in order to...engage in an important affair
	….來….	*V lái V*	(in this pattern 來 *lai* means "in order to")

NOTES ON LESSON 14

This lesson is an adaptation of an article by Lǐ Sānsž (李三思) published in Free China (Dzyóu Jūnggwó 自由中國), Vol. III, No. 11, Dec. 1, 1950

Li's article is a review of an editorial, "The Case of Dr. Hu Shih" in the New York Times, Sept. 24, 1950.

14. 1	*紐約時報	*Nyǒuywē Shr̀bàu*	N: New York Times
14. 2	評論	*pínglwùn*	V/N: discuss/discussion
	評	*píng*	BF: to comment on, criticism (as in 書評 *shūpíng* N: book review)
14. 3	*胡適	*Hú Shr̀*	N: Hu Shih (a Chinese scholar)
14. 4	*北京大學	*Běijīngdàsywé*	N: Peking University
14. 5	*新青年	*Syīnchīngnyán*	N: New Youth (name of a literary magazine)
14. 6	*駐美大使	*jùměidàshr̀*	N: ambassador to America
14. 7	校長	*syàujǎng*	N: president of a university, principal of a school (長 *jǎng* BF: head of an organization)

14.8	共產黨	*Gùngchǎndǎng*	N:	Communist Party
	黨	*dǎng*	N:	political party
14.9	國民黨	*Gwómíndǎng*	N:	Kuomintang (Nationalist Party)
14.10	南京	*Nánjīng*	PN:	Nanking
14.11	中央研究院	*Jūngyāng Yánjyouywàn*	N:	Academia Sinica (the highest organization for academic research in China)
	中央	*jūngyāng*	N/PW:	center
14.12	受…影響	*shòu...yǐngsyǎng*	VO:	receive influence, be influenced by...
14.13	香港	*Syānggǎng*	N:	Hong Kong
	港	*gǎng*	N:	harbor
14.14	大公報	*Dàgūngbàu*	N:	name of a Chinese newspaper, "Takungpao"
14.15	批評	*pīpíng*	N/V:	criticism, comment/criticize
14.16	*胡思杜	*Hú Sždù*	N:	name of Dr. Hu Shih's son
14.17	敵人	*dírén*	N:	enemy
14.18	可能	*kěnéng*	SV:	possible (可 *kě* used as a prefix, meaning -able, -ible)
14.19	記者	*jìjě*	N:	reporter (cf: 9.4)
14.20	感想	*gǎn syǎng*	N:	impressions
14.21	壓力	*yālì*	N:	pressure (壓 *yā* V: press down)
14.22	有意義	*yǒuyìyì*	SV:	be significant, meaningful (義 *yì* BF: significance, meaning)
	意義	*yìyì*	N:	significance
14.23	共產主義	*Gùngchǎnjǔyì*	N:	Communism
	主義	*jǔyì*	N:	principles, -ism
14.24	自由	*dzyòu*	SV/N:	be free/freedom
14.25	服從	*fútsúng*	V:	obey (cf: 2.8)
14.26	學者	*sywéjě*	N:	scholar (cf: 9.4)
14.27	勇敢	*yǔnggǎn*	SV:	be brave
	勇	*yǔng*	SV:	be brave

14.28	革新者	*gésyīnjě*	N: reformer
	革	*gé*	BF: reform (as in 改革 *gǎigè* N: reform)
14.29	保守主義	*bǎushǒu jǔyì*	N: conservatism (守 *shǒu* V: guard, defend)
14.30	傳統的反抗者	*chwántǔngde fǎnkàngjě*	N: anti-traditionalist (傳統 *chwántǔng* N: tradition; 反抗 *fǎnkàng* V: resist)
14.31	公正	*gùngjèng*	SV: be just, right
14.32	專制	*jwānjr̀*	N: dictatorship (制 *jr̀* BF: system as in 制度 *jr̀dù* N: system)
14.33	道路	*dàulù*	N: way, road, course
14.34	攻擊	*gūngjī*	V: attack (synonym compound)
14.35	高尚	*gāushàng*	SV: high-minded, magnanimous
14.36	獨立	*dúlì*	V: become independent, be independent (獨 *dú* BF: alone)
14.37	光榮	*gwāngrúng*	SV/N: be glorious; glory, splendour, splendid (榮 *rúng* BF: glory)
14.38	偉大	*wěidà*	SV: be great (偉 *wěi* BF: great as in 偉人 wěirén VIP)

NOTES ON LESSON 15

This lesson is an adaptation of a section from A Discourse on New Affairs (Syīnshr̀lwùn 新事論) by Féng Yǒulán (馮友蘭 1895-). Published in 1939, this book contains commentaries on the new thoughts and the trend of affairs of the early 1900's.

In this section of the book, Mr. Féng sought to illustrate the economic differences between industrialized countries and under-developed countries by an analogy of the differences between city and the countryside.

15. 1	關於	*gwānyu*	CV:	concerning, related to
15. 2	才能	*tsáinéng*	N:	ability, talent
15. 3	享受	*syǎngshòu*	N/V:	enjoyment/enjoy
15. 4	却	*chywè*	A:	but, however
15. 5	事實	*shr̀shŕ*	N:	fact, reality
15. 6	慌張	*hwāngjāng*	SV/A:	be flustered/nervously
15. 7	不慌不忙	*bùhwāngbùmáng*	A:	calmly
15. 8	作鄉村工作	*dzwò syāng-tswūngūngdzwò*	VO:	engage in rural work (to improve rural conditions)
15. 9	機關	*jīgwān*	N:	organization
15. 10	他們之所以…‥有…‥機會	*tāmen jr̄swǒyi.. yǒu...jīhwei*		the reason why they...have the opportunity of...
	…‥之所以…‥	*N jr̄swǒyi VO*		the reason why...N... ...V...O...
15. 11	因爲‥緣故	*yīwei...ywángu*		because of (the reason), for the reason that...
15. 12	充分	*chūngfen*	SV:	to the full extent (the character 分 is pronounced as *fèn* in this compound)
15. 13	發育	*fāyu*	V:	grow up, develop, evolve
15. 14	入耳	*rùěr*	SV:	be pleasing (to the ears) (入 *rù* BF: enter; 耳 *ěr* BF: ear)

15.15	則	*dzé*	P: then (colloq. 就)
15.16	四周圍	*sz̀jōuwéi*	N: on all sides, in every direction
15.17	民族	*míndzú*	N: race, tribe
15.18	佔	*jàn*	V: occupy
15.19	降爲	*jyàngwéi*	V: descend to, come down to
15.20	升爲	*shēngwéi*	V: raise to the position of...
15.21	即(是)	*jí(shr)*	V: be exactly (colloq. 就是)
15.22	所謂	*swǒwèi*	N: so-called
15.23	同化	*túnghwà*	V/N: assimilate/assimilation
15.24	資格	*dz̄gé*	N: qualification
15.25	維持	*wéichŕ*	V: maintain
15.26	變局	*byànjyú*	N: a vastly changing situation
15.27	西歐	*syī-Ōu*	N: Western Europe
15.28	及	*jí*	and (literary)
15.29	革命	*gémìng*	N: revolution (cf: 14.28)
15.30	生產	*shēngchǎn*	N/V: production, produce
15.31	制度	*jr̀dù*	N: system (cf:14.32)
15.32	發展	*fājǎn*	V: develop, expand (展 *jǎn* BF: spread out as in 展開 *jǎnkāi* V: unfold)

NOTES ON LESSON 16

Lessons 16 and 17 are adapted from an article in The People's Daily (Rénmín Rbàu 人民日報), September, 1957, an official organ of the Chinese Communist party.

It describes the difference in the attitude of miners toward their work before and after Communist indoctrination.

16. 1	煤礦	*méikwàng*	N:	coal mine
	煤	*méi*	N:	coal
	礦	*kwàng*	N:	mine
16. 2	工人	*gūngren*	N:	laborer, worker
16. 3	許多	*syǔdwō*		a lot of, very many
16. 4	炸煤	*jàméi*	VO:	blast coal
	炸	*jà*	V:	explode, blast, bomb
16. 5	開始	*kāishř*	V/A:	begin, start, commence (始 *shř* BF: begin)
16. 6	閒着	*syánje*	V:	spend time in idleness or leisurely (閒 *syán* SV: be idle)
16. 7	多出幾車煤出	*dwō chū jichē méi*		produce a few more carloads of coal
		chū	V:	produce
16. 8	準備	*jwǔnbèi*	V/N:	prepare/preparation
	準	*jwǔn*	SV:	be accurate
16. 9	從…起	*tsúng...chǐ*		from (a certain time) on
16. 10	增產	*dzēngchǎn*	V:	increase production 增 dzēng BF: increase
	增加	*dzēngjyā*	V/N:	increase
16. 11	噸	*dwùn*	M:	ton
16. 12	領導	*lǐngdǎu*	V/N:	lead/guidance, leadership (領 *lǐng* V: lead; 導 *dǎu* BF: lead)
	領導上	*lǐngdǎushang*	N:	the official authorities (a term used on the mainland)
16. 13	認爲	*rènwéi*	V:	be of the opinion that, hold (the opinion that)

16.14	曾	*tséng*	A: (indicate an action occuring in the past)
16.15	進行	*jìnsyíng*	V: proceed, carry on
16.16	社會主義	*Shèhweijǔyì*	N: socialism
16.17	搬運組	*bānyùndzǔ*	N: transportation section
	搬	*bān*	V: move
	組	*dzǔ*	N: group; section (as in organization)
16.18	負責	*fudzé*	SV: be responsible (負 *fu* V: shoulder)
16.19	任務	*rènwu*	N: work; mission (務 *wù* BF: affair) (cf: 2.11)
16.20	緊張	*jǐnjāng*	SV: be hard (work); tense
16.21	裝病	*jwāngbìng*	VO: pretend to be ill
16.22	報告	*bàugàu*	N/V: report/report
16.23	壞份子	*hwàifèndž*	N: bad element (份 *fèn* M: share, portion;) (份 or 分 either form for *fèn* may be used in the compound *fèndž*, 養份 *yǎngfèn*, 充份 *chūngfèn*, etc.) (cf: 5.26; 9.18; 15.12)
16.24	調查	*dyàuchá*	V: investigate (調 *dyàu* V: transfer)
16.25	利用	*lìyúng*	V: utilize
16.26	弱點	*rwòdyǎn*	N: weak point
16.27	鼓動	*gǔdùung*	V: incite, instigate (鼓 *gǔ* N: drum)
16.28	製造	*jr̀dzàu*	V: manufacture, make (製 *jr̀* BF: manufacture)
16.29	損失	*swǔnshr̄*	V/N: lose, damage (損 *swǔn* BF: lose, damage)
16.30	大多數	*dà dwōshù*	N: the great majority
16.31	有效	*yǒusyàu*	SV: be effective (效 *syàu* BF: efficacy)

NOTES ON LESSON 17

17. 1	會議	*hwèiyì*	N: meeting (cf: 11. 16)
17. 2	批准	*pījwǔn*	V: approve (cf: 14. 15)
	准	*jwǔn*	V: permit
17. 3	破壞	*pwòhwài*	V: destroy, demolish (cf: 1. 16)
17. 4	活動	*hwódùng*	N: activity
17. 5	事實	*shìshŕ*	N: fact
17. 6	軍隊	*jyūndwèi*	N: troop
	隊	*dwèi*	M: (for soldiers, people, etc.)
17. 7	打敗	*dǎbài*	RV: defeat, be defeated (敗 *bài* BF: defeat)
17. 8	反革命份子	*fǎngémìng fèndž*	N: counter-revolutionary element (cf: 16. 23)
17. 9	排隊	*páidwèi*	VO: stand in line (排 pái V: arrange)
17. 10	糧食	*lyángshr*	N: food, provisions (糧 *lyáng* BF: food, provisions, 食 *shŕ* BF: food)
17. 11	斤	*jīn*	M: catty (a Chinese measure fixed at 1 1/3 lb.)
17. 12	受傷	*shòushāng*	VO: wounded (傷 *shāng* N/V: wound)
17. 13	打仗	*dǎjàng*	VO: fight, make war (仗 *jàng* N: war, battle)
17. 14	一角錢	*yìjyǎu chyán*	Ph: one dime (equiv. 一毛錢 *yìmáuchyán*)
17. 15	元	*ywán*	M: dollar (equiv. 塊 *kwài* in this use)
17. 16	後悔	*hòuhwěi*	SV: be regretable (悔 *hwěi* BF: regret)
17. 17	晚到	*wǎndàu*	V: arrive late
17. 18	平均	*píngjyūn*	A: averaging, on the average (均 *jyūn* SV: be equal, fair)
17. 19	增加	*dzēngjyā*	V: add, increase (cf: 16. 10)
17. 20	顯然	*syǎnrán*	SV/A: be obvious/obviously (cf: 10. 15)

17.21	紀律	*jìlyù*	N:	discipline (紀 *jì* BF: regulation; 律 *lyù* BF: law)
17.22	技術人員	*jìshu rényuán*	N:	technician
	技術	*jìshu*	N:	technique (synonym compound)
17.23	命令	*mìngling*	N:	order (令 lìng BF: order)
17.24	管理	*gwǎnlǐ*	V/N:	manage/management
17.25	自動的	*dzdùngde*	A:	automatically, voluntarily
17.26	次序	*tsz̀syù*	N:	order, arrangement (序 syù BF: order)
17.27	福利事業	*fúlì shr̀ye*	N:	welfare matters (福 fú BF: blessing)
17.28	現象	*syànsyang*	N:	phenomenon (cf: 3. 1)
17.29	退回去	*twèihweichyu*	RV:	return, send back (things) (退 *twei* V: withdraw) (cf: 4. 7)

NOTES ON LESSON 18

This article is taken from an editorial in the Central Daily News (Jūngyāng R̀bàu 中央日報), an official paper of the Chinese Nationalist Party.

It is a review of the Eisenhower Doctrine.

18. 1	*艾森豪主義	*Àisēnháu jǔyì*	N	Eisenhower Doctrine
18. 2	中東	*Jūngdūng*	PW	the Middle East
18. 3	政策	*jèngtsè*	N	policy (策 *tsè* BF: plan)
18. 4	國會	*gwóhwèi*	N	congress, parliament
18. 5	在必要時	*dzài bìyaushŕ*	TW	when necessary
	必要	*bìyàu*	SV	necessary
18. 6	派兵	*pài bīng*	VO	send troops
	兵	*bīng*	N	soldier, troops
18. 7	援助	*ywánju`*	V/N	aid (援 *ywán* BF: aid)
18. 8	意見	*yìjyan*	N	opinion
18. 9	反對	*fǎndwèi*	V	oppose, object
18. 10	實際上	*shŕjìshang*	A	actually, in fact
18. 11	第二次世界大戰	*Dìèrtsz̀ Shr̀jyedàjàn*	N	World War II
	戰爭	*jànjēng*	N	war (cf: 12. 32)
18. 12	地區	*dìchyū*	N	district, area
	區	*chyū*	M	district, zone
18. 13	僅是....而已	*jǐnshr̀...éryǐ*	A	just....that is all (僅 *jǐn* BF: merely)
18. 14	擴展	*kwòjǎn*	V	extend, expand (擴 *kwò* BF: extend) (cf: 15. 32)
18. 15	過去	*gwòchyu*	MA	in the past
18. 16	一方面....另一方面	*yìfāngmyàn... lìng yìfāng-myàng*	Ph	on one hand....on the other hand

18.17	起來	*chǐlai*	V	rise
18.18	歐洲	*Ōujōu*	PW	Europe (cf: 13.16)
	洲	*jōu*	N	continent
18.19	亞洲	*Yǎjōu*	PW	Asia
18.20	防備	*fángbèi*	V	guard against (防 *fáng* V: guard against)
18.21	侵畧	*chīnlywè*	V/N	invade (unlawfully)/aggression (侵 *chīn* BF: encroach; 畧 *lywè* BF: seize)
18.22	*以色列	*Yǐsèlyè*	N	Israel
18.23	滿意	*mǎnyì*	SV	be satisfied (with)
18.24	阻止	*dzǔjř*	V	contain (阻 *dzǔ* BF: contain) (cf: 4.26)
18.25	*阿拉伯	*Ālābwó*	N	Arab, Arabia
18.26	貧窮	*pínchyúng*	SV	be poor (貧 *ping* BF: poor)
18.27	失敗	*shrbài*	SV/N	fail/failure (失 *shr* BF: lose) (cf: 16.29)
18.28	滿足	*mǎndzú*	SV	be satisfied (足 *dzú* BF: enough)
18.29	成功	*chénggūng*	SV/N	be successful/success (cf: 3.3)
18.30	修改	*syōugǎi*	V	correct, revise, amend (cf: 2.16)
	修	*syōu*	V	repair
	修理	*syōulǐ*	V	repair
18.31	缺點	*chywēdyǎn*	N	shortcoming, defect
	缺	*chywē*	V	lack, be short of
18.32	保衛	*bǎuwèi*	V	protect, guard (衛 *wèi* BF: protect)

NOTES ON LESSON 19

This article is adapted from the preface to Soviet Russia In China (Sūé dzài Jūnggwo 蘇俄在中國), written by President Chiang Kai-shek (Jyǎng Jyèshŕ 蔣介石) of the Republic of China. The book was published in 1956, and has been translated into many languages.

In his book, President Chiang describes his forty years of experience in dealing with Soviet Russia.

19. 1	蘇俄	*Sūé*	N:	Soviet Russia
19. 2	孫中山	*Sūn Jūngshān*	N:	Dr. Sun Yat-san
19. 3	宣言	*sywānyán*	N:	declaration (宣 *sywān* BF: proclaim)
19. 4	宣傳	*sywānchwán*	V/N:	propagate/propaganda (cf: 8. 19)
19. 5	至	*jr̀*		up to (cf. 3. 9)
19. 6	創立	*chwànglì*	V:	found (an organization) (創 *chwàng* BF: create, make)
19. 7	政黨	*jèngdǎng*	N:	political party (cf: 14. 8)
19. 8	中華民國	*Jūnghwámíngwó*	N:	Republic of China (華 *hwá* BF: China)
19. 9	積極	*jījí*	SV:	be positive, active
19. 10	干涉	*gānshè*	V:	interfere with (干 *gān* BF: offend; 涉 *shè* BF: involve)
19. 11	陰謀	*yīnmóu*	N/V:	an intrigue/to plot (謀 *móu* BF: plot)
19. 12	終於	*jūngyú*	A:	finally (終 *jūng* BF: end) (cf: 2. 23)
	始終	*shř jūng*	A:	from beginning to end, in any case (cf: 16. 5)
19. 13	混亂	*hwùnlwàn*	SV:	become disorderly (混 *hwùn* BF: disorderly
19. 14	民國六年	*míngwó lyòunyán*		the sixth year of the Republic
19. 15	*列寧	*Lyèníng*	N:	Lenin
19. 16	無產階級	*wúchǎnjyējí*	N:	proletariat
	階級	*jyējí*	N:	class (social, official)
19. 17	前進	*chyánjìn*	SV:	be advanced, progressive

19.18	理想	*lǐsyǎng*	SV/N	ideal
19.19	壓迫	*yāpwò*	V/N	oppress/oppression (迫 *pwò* BF: oppress) (cf: 14.21)
19.20	痛恨	*tùnghèn*	SV	have bitter hatred for
	恨	*hèn*	V	hate
19.21	乘此機會	*chèng tsž jīhwei*	Ph	take this opportunity (cf: 1.10)
	乘	*chèng*	V	ride (train, boat, airplane, etc.)
1922	秘密	*mìmi*	SV	be secret (密 *mì* BF: secret) (cf: 4.3)
19.23	和平共存	*hépíng gùngtswún*	Ph	peaceful co-existence (cf: 1.1 and 4.34)
19.24	互相	*hùsyāng*	A	mutual (互 *hù* BF: mutual)
19.25	中日戰爭	*Jūngrjànjēng*	N	Sino-Japanese War (cf: 18.11; 12.32)
19.26	反共	*fǎngùng*	VO	anti-communism
19.27	支持	*jrchŕ*	N/V	support (支 *jr* BF: support; 持 *chŕ* BF: hold with hand) (cf: 15.25)
19.28	受教訓	*shòu jyàusyun*	VO	learn a lesson (訓 *syùn* V: instruct, advise) (cf: 2.22)
	教訓	*jyàusyun*	N/V	lesson (a reproof)/reprove

VOCABULARY LIST

The following list of characters and combinations is arranged by a combination of stroke-counting and stroke order. In this system a character or a combination is first sorted into a group according to the number of strokes in the character or the number of strokes in the first character in the combination. The group is subdivided according to the value of the first stroke arranged in the order of 1. a dot (丶) 2. a horizontal stroke (一) 3. a vertical stroke (丨) 4. a left downward slant (丿). Within each subdivision the arrangement is made according to the value of the second stroke, and so on.

1-3 〔丶〕

				L N
之	*jr̄*			15. 10
····之所以····	*N jr̄swǒyi VO*		the reason why...N... ...V...O...	15. 10
他們之所以····有····機會	*tāmen jr̄swǒyi ... yǒu... jīhwei*		the reason why they... have the opportunity of...	15. 10
總而言之	*dzǔngéryánjr̄*	PH:	to sum up, in one word	12. 18

1-3 〔一〕

一天一天的	*yityānyityānde*	A:	day after day	8. 1
一天比一天	*...yityān bǐ yityān SV*	SV:	more adj. day by day	20. 25
一方面···· 一方面····	*yífāngmyàn... yífāngmyàn...*		on one hand...and on the other hand	12. 10
一兩天內	*yǐlyǎngtyānnèi*	PH:	within a day or two	8. 31
一陣大雨	*yǐjèn dàyǔ*		a shower	11. 23
一角錢	*yǐjyǎu chyán*	PH:	one dime (equiv. 一毛錢 yimáu chyán	17. 14
干	*gān*	BF:	offend	19. 10
干涉	*gānshè*	V:	interfere with	19. 10
十分	*shŕfēn*	A:	completely; one hundred per cent	7. 23

				L N
了解	*lyǎujyě*	V：	understand	9.17
下去	*syàchyu*	RVE：	continue to...	5.15
下面兩點	*syàmyan lyǎngdyǎn*		the two items below	1.20
寸	*tswùn*	M：	Chinese inch (1/1(of a Chinese foot)	8.3
子女	*džnyǔ*	N：	children (son anu daughter)	20.20
土	*tǔ*	N：	dust; earth (soil)	20.14
土地	*tǔdì*	N：	land	20.14
工人	*gūngren*	N：	laborer, worker	20.14
工作	*gūngdzwò*	N：	work, task	9.6
工廠	*gūngchǎng*	N：	factory	20.28
才能	*tsáinéng*	N：	ability, talent	15.2
大炮	*dàpàu*	N：	gun, artillery	20.23
大亂	*dàlwàn*	N：	chaos, turmoil	10.26
大概	*dàgài*	A：	generally; probably	1.8
大衆	*dàjùng*	N：	the masses, public	13.11
大驚	*dàjīng*		be greatly surprised	7.10
大公報	*Dàgūngbàu*	N：	"Takungpao" (name of a Chinese newspaper)	14.14
大多數	*dàdwōshù*	N：	the great majority	16.30
大明湖	*Dàmínghú*	PW：	(name of a lake in Jinán, capital of Shāndūng Province)	10.1
大總統	*dàdzǔngtǔng*	N：	president (of a country)	12.15
大吃一驚	*dàchr̄ yijīng*		be greatly frightened	10.7
丈	*jàng*	M：	(a Chinese measure equal to 10 Chinese feet and equivalent to 10.936 ft.)	20.18
丈夫	*jàngfu*	N：	husband	20.18

1-3 〔丨〕

				L N
小朋友	*syǎupéngyou*		(In her To Young Readers which appeared in newspapers the author addressed her readers as "小朋友.")	8. 29
小說兒	*syǎushwōr*	N:	novel, fiction	3. 12
上班	*shàngbān*	VO:	go to the office, go to class	4. 25
口水	*kǒushwěi*	N:	saliva	2. 31
山東	*Shāndūng*	PW:	Shantung Province	6. 13
山西	*Shānsyī*	PW:	Shanhsi Province	6. 14

1-3 〔丿〕

人生	*rénshēng*	N:	human life	2. 21
人民公社	*rénmíngūngshè*	N:	people's commune	20. 17
人羣	*rénchyún*	N:	humanity	12. 22
入	*rù*	BF:	enter	15. 14
入耳	*rùěr*	SV:	be pleasing (to the ears)	15. 14
凡	*fán*		whatever, whoever	1. 3
凡是	*fánshr*		whatever, whoever	1. 3
千萬	*chyānwàn*	Á:	by all means	8. 24

4 〔丶〕

六億	*lyòuyǐ*	NU:	six hundred million	20. 11
文明	*wénmíng*	N:	civilization	13. 15
文章	*wénjāng*	N:	an essay, an article	1. 2
文言文	*wényánwén*	N:	writings in literary style	1. 4
心跳	*syīntyàu*	SV:	be fearful, apprehensive, "jumpy"	5. 10

4 〔一〕

引	*yǐn*	V:	lead, draw out	8. 28
引起	*yǐnchǐ*	V:	entail, cause, give rise to, bring (i.e. happiness, sadness, attention, etc.)	8. 28

				L N
王冕	*Wáng Myǎn*	N:	(name of a Chinese artist)	11. 1
夫妻	*fūchī*	N:	husband and wife	9 . 25
天理良心	*tyānlǐ lyángsyīn*	N:	"on my word of honor!" "as I have a conscience!"	4 . 35
元	*ywán*	M:	dollar (equiv. 塊 *kwài* in this use)	17. 15
支	*jr̄*	BF:	support	19. 29
支持	*jr̄chŕ*	N/V:	support	19. 29
木	*mù*	BF:	wood	10. 12
木頭	*mùtou*	N:	wood	10. 12
樹木	*shùmu*	N:	trees	10. 12
互	*hù*	BF:	mutual	19. 24
互相	*hùsyāng*	A:	mutual	19. 24
尤	*yóu*	BF:	still more	9 . 15
尤其是	*yóuchíshr̀*	A:	especially	9 . 15
不幸	*búsyìng*	A:	unfortunately	3 . 26
不肯不	*bùkěnbu*	AV:	insist on	8 . 22
不止一次	*bùjř yítsz̀*	Ph:	not only once (but many times)	4 . 26
不得了	*bùdélyǎu*	RV:	terrific, cannot stand, "that's the limit!"	3 . 15
不慌不忙	*bùhwāngbùmáng*	A:	calmly	15. 7
4〔丨〕				
少年時代	*shàunyán shŕdài*	N:	period of youth	11. 2
以內	*yǐnèi*	MA:	within	8 . 31
以色列	*Yǐsèlyè*	N:	Israel	18. 22
以國家爲自己的責任	*yǐ gwójyā wéi dzìjǐde dzéren*		regard the affairs of the country as (one's) own responsibility	13. 20
以…爲…	*yǐ…wéi…*		regard…as…	13. 20
日記	*r̀jì*	N:	diary	9 . 2
中央	*jūngyāng*	PW:	center	14. 11

				L N
中間	*jūngjyān*	PW:	in the midst, middle, center	8.13
中東	*Jūngdūng*	PW:	the Middle East	18.2
中日戰爭	*Jūngr̀jànjēng*	N:	Sino-Japanese War	19.25
中華民國	*Jūnghwámíngwó*	N:	Republic of China	13.12
中央研究院	*Jūngyāng Yánjyouywàn*	N:	Academia Sinica (the highest organization for academic research in China)	14.11
水珠	*shwěijū*	N:	water drops ("pearls of water")	11.30
水果	*shwěigwǒ*	N:	fruit	1.23
內	*nèi*			8.31
以內	*yǐnèi*	MA:	within	8.31
一兩天內	*yīlyǎngtyānnèi*	Ph:	within a day or two	8.31
止	*jř*	BF:	stop	4.26
不止一次	*bùjr̀yítsz̀*	Ph:	not only once (but many times)	4.26

4 〔丿〕

分子	*fendž*	N:	elements	9.18
分離	*fēnlí*	V:	separated	20.19
公正	*gùngjèng*	SV:	be just, right	14.31
公私合營	*gūngsz̄héyíng*	Ph:	jointly managed by government and private concern	20.16
牛	*nyóu*	N:	cow, cattle	5.25
生牛肉	*shēng nyóuròu*	N:	raw beef	5.28
毛兒	*máur*	N:	hair, feather	3.4
毛病	*máubing*	N:	defect, bad habit	4.31
毛博士	*Máu Bwóshr*		Dr. Máu	2.3
及	*jí*		and (literary)	15.28
欠	*chyàn*	V:	owe	4.17
欠錢	*chyàn chyán*	VO:	owe money	4.17
升	*shēng*	V:	raise	15.20
升為	*shēngwéi*	V:	raise to the position of...	15.20

				L N
仍	*réng*	BF:	still	11. 15
仍舊	*réngjyòu*	A:	still, yet	11. 15
反共	*fǎngùng*	VO:	anti-communism	19. 28
反對	*fǎndwèi*	V:	oppose, object	18. 9
反革命份子	*fǎngémìng fèndž*	N:	counter-revolutionary elements	17. 8
斤	*jīn*	M:	catty (a Chinese measure fixed at 1 1/3 lb.)	17. 11
5 〔丶〕				
它	*tā*	N:	it	8 . 27
立志	*lìjr̀*	VO:	make up the mind (to accomplish something) (cf: 9 . 9)	13. 1
主人	*jǔren*	N:	host; owner	4 . 12
主義	*jǔyì*	N:	principles, -ism	14. 23
永	*yǔng*			3 . 27
永遠	*yǔngywǎn*	A:	forever, always	3 . 27
必要	*bìyàu*	SV:	necessary	18. 5
必須	*bìsyū*	A:	must, necessarily	1 . 17
5 〔一〕				
平均	*píngjyūn*	A:	averaging, on the average	17. 18
示	*shr̀*	BF:	manifest	1 . 15
表示	*byǎushr̀*	V:	express	1 . 15
民族	*míndzú*	N:	race, tribe	15. 17
民國六年	*míngwó lyòunyán*		The sixth year of the Republic	19. 14
可能	*kěnéng*	SV:	possible	14. 18
可憐	*kělyán*	V/SV:	have pity on.../be pitiful, pitiable	4 . 21
功	*gūng*			3 . 3
功課	*gūngkè*	N:	school work, lesson	3 . 3
成功	*chénggūng*	SV/N:	be successful/success	18. 29

				L N
正經	*jèngjing*	SV:	be serious	12. 8
古	*gǔ*	SV:	ancient	10. 9
打仗	*dǎjàng*	VO:	fight, make war	17. 13
打破	*dǎpwò*	RV:	break (down)(either material things or a difficulty, a prejudice, tradition, record, etc.)	1. 16
打敗	*dǎbài*	RV:	defeat, be defeated	17. 7
打牌	*dǎpái*	VO:	play cards, play mah jong (a Chinese card game)	6. 24
打漁的	*dǎyúde*	N:	fisherman	10. 13
打出洞來了	*dǎchu dùng láile*	Ph:	break a hole into	7. 17
加錢	*jyāchyán*	VO:	increase a monetary figure, raise (salary)	3. 19

5 〔丨〕

田	*tyán*	N:	fields, land	7. 7
種田	*jùngtyán*	VO:	plough the field	7. 7
北京大學	*Běijīngdàsywé*	N:	Peking University	14. 4
央	*yāng*			14. 11
中央	*jūngyāng*	PW:	center	14. 11
中央研究院	*Jūngyāng Yánjyouywàn*	N:	Academia Sinica (the highest organization for academic reseach in China)	14. 11
由	*yóu*			12. 30
理由	*lǐyóu*	N:	reason	12. 30
自由	*dzìyóu*	SV/N:	be free/freedom	14. 24
兄	*syūng*	BF:	older brother	20. 8
兄弟姐妹	*syūngdì jyěmèi*	N:	brothers and sisters	20. 8
叫醒	*jyàusyǐng*	RV:	awake	6. 22
四周圍	*sìjōuwéi*	N:	on all sides, in every direction	15. 16
四兩酒	*sìlyǎng jyǒu*		four ounces of liquor	6. 19

				L N
出	*chū*	V:	produce	16. 7
5〔丿〕				
令	*ling*			17. 23
命令	*mìngling*	N:	order	17. 23
台	*tái*	N:	platform, stage	20. 3
台灣	*Táiwān*	PW:	Taiwan	20. 4
電台	*dyàntái*	N:	broadcasting station	20. 3
生產	*shēngchǎn*	N/V:	production/produce	15. 30
生命	*shēngmìng*	N:	life	5. 18
生牛肉	*shēng nyóuròu*	N:	raw beef	5. 28
失	*shr̄*			18. 27
失敗	*shr̄bài*	SV/N:	fail/failure	18. 27
失望	*shr̄wàng*	SV:	be disappointed	8. 21
用法	*yùngfǎ*	N:	usage, use, the way something is used	1. 14
仗	*jàng*			17. 13
打仗	*dǎjàng*	VO:	fight, make war	17. 13
代	*dài*	M:	a generation, dynasty	1. 9
代表	*dàibyǎu*	N/V:	a representative, representation/represent	6. 3
代課	*dàikè*	VO:	take over the teaching of a class for (somebody)	2. 2
現代	*syàndài*	N:	modern (age), comtemporary	1. 9
少年時代	*shàunyán shŕdài*	N:	period of youth	11. 1
白花	*bái hwā*		spend in vain	3. 24
白糖	*báitáng*	N:	cane-sugar	6. 10
白話文	*báihwàwén*	N:	writings in colloquial style	1. 5
付	*fù*	V:	pay, give	4. 23
付與	*fùyǔ*	V:	give	8. 17
他老人家	*tā lǎurénjyā*	N:	he (honorific for 他)	4. 28

				L N
他說他的	*tā shwō tāde*	Ph:	he says what he pleases (this is a pattern which may apply to many expressions, as in 你走你的 *ní dzǒu nǐde* you go wherever you want)	3.5
他門之所以……有……機會	*tāmen jr̄swǒyi... yǒu...jīhwei*		the reason why they... have the opportunity of...	15.10
印	*yǐn*	V:	print	3.1
印象	*yǐnsyàng*	N:	impression	3.1

6 〔、〕

守	*shǒu*			14.29
保守主義	*bǎushǒujǔyì*	N:	conservatism	14.29
次序	*tsz̀syù*	N:	order	17.26
充	*chūng*			15.12
充分	*chūngfèn*	SV:	to the full extent (the character 分 is pronounced as *fèn* in this compound)	15.12
交朋友	*jyāu péngyou*	VO:	make friends	3.8
米	*mǐ*	N:	raw rice	4.13

6 〔一〕

西服	*syīfú*	N:	western-style clothes	2.8
西歐	*Syīōu*	N:	Western Europe	15.27
老殘	*Lǎutsán*	N:	(pen name of Lyóu È, the author of Doctor's Travelogue)	10.2
地區	*dìchyū*	N:	district, area	18.12
耳	*ěr*			15.14
入耳	*rùěr*	SV:	be pleasing (to the ears)	15.14
共匪	*Gùngfěi*	N:	Communist bandit	19.26
共產黨	*Gùngchǎndǎng*	N:	Communist Party	14.8
共產主義	*Gùngchǎnjǔyì*	N:	Communism	14.23
地位	*dìwèi*	N:	position	13.32

				L N
至	*jr̀*		up to	19. 5
至少	*jr̀shǎu*		A: at least	3 . 9
直至	*jr̀jr̀*	N:	until	8 . 14
列寧	*Lyèníng*	N:	Lenin	19. 15
有效	*yǒusyàu*	SV:	be effective	16. 31
有義意	*yǒuyìyi*	SV:	be significant, meaningful	14. 22
有勢力	*yǒushr̀li*	SV:	be influential	13. 26
在	*dzài*	A:	just in the midst of	7 . 15
在…中	*dzài...jūng*	Ph:	in...	20. 6
在空中	*dzài kūngjūng*	PW:	in the air	10. 19
在必要時	*dzài bìyaushŕ*	TW:	when necessary	18. 5
存	*tswún*	V:	store; deposit	4 . 34
存下錢	*tswúnsya chyán*	VO:	save money	4 . 34
和平共存	*hépíng gùngtswún*	Ph:	peaceful co-existence	19. 23

6〔丨〕

光榮	*gwāngrúng*	SV/N:	glorious/glory, splendour, splendid	14. 37
同志	*túngjr̀*	N:	comrade	9 . 9
同化	*túnghwà*	V/N:	assimilate/assimilation	15. 23
同一段	*túngyidwàn*		the same paragraph	1 . 7
因此	*yīntsž*	A:	because of this	1 . 10
因爲…緣故	*yīwei...ywángu*		because of (the reason), for the reason that...	15. 11
吃虧	*chr̄kwēi*	VO:	suffer loss; "get stung"	6 . 21
吃驚	*chr̄jīng*	VO:	frightened	7 . 10
回頭	*hwéitóu*	VO:	turn the head back	8 . 8
艾森豪主義	*Aisēnháujǔyi*	N:	Eisenhower Doctrine	18. 1
此	*tsž*		this (lit.)	1 . 10
此地	*tsždì*		this place, here	6 . 1
此時	*tsžshŕ*		now	6 . 1
因此	*yīntsž*	A:	because of this	1 . 10

				L N
收成	*shōuchéng*	N :	a harvest; agricultural production	11. 7
6 〔ノ〕				
各位	*gèwèi*	N :	every one of you, everybody	13. 2
各村	*gètswūn*	N :	each village, all villages	6. 2
名士	*míngshr̀*	N :	a famous scholar, gentry	10. 10
名稱	*míngchēng*	N :	title, name	12. 16
多出幾車煤	*dwō chū jichē méi*		produce a few more carloads of coal	16. 7
成功	*chénggūng*	SV/N :	be successful/success	18. 29
成績	*chéngji*	N :	result, achievement	12. 24
竹	*jú*	BF :	bamboo	10. 23
竹子	*júdz*	N :	bamboo	10. 23
丢	*dyōu*	V :	lose (丢 *dyōu* may be used as a resultive verb ending as in 放丢了 *fàngdyōule*)	11. 18
自由	*dzyóu*	SV/N :	be free/freedom	14. 23
自然	*dzrán*	SV/A :	be natural/naturally	2. 9
自私	*dzsz̄*	SV :	be selfish	4. 33
自殺	*dzshā*	V :	commit suicide	5. 11
自來水	*dzláishwěi*	N :	running water	2. 32
自動的	*dzdùngde*	A :	automatically, voluntarily	17. 25
似	*sz̀*			2. 20
好像…似的	*hǎusyàng... shr̀de*		it seems (the reading pronunciation of 似 is *sz̀*. However, in this usage, it is pronounced *shr̀*)	2. 20
任	*rèn*			16. 19
任務	*rènwu*	N :	work; mission	16. 19
責任	*dzéren*	N :	responsibility	2. 11
以國家爲自己的責任	*yǐ gwójyā wéi dzjǐde dzéren*		regard the affairs of the country as (one's) own responsibility	13. 20

				L N
份	*fèn*	M:	share, portion	16. 23
壞份子	*hwài fèndż*	N:	bad element	16. 23
反革命份子	*fǎngémìng... fèndż*	N:	counter-revolutionary elements	17. 8
好像…似的	*hǎusyàng...shr̀de*		it seems (the reading pronunciation of 似 is *sż*. However, in this usage, it is pronounced *shr̀*)	2. 20
如何供得起你讀書	*rúhé gūngdechǐ ni dúshū*		how can (I) afford to support you to go to school	

7 〔、〕

究竟	*jyōujìng*	A:	after all	6. 27
良	*lyáng*			4. 35
良心	*lyángsyin*	N:	conscience	4. 35
天理良心	*tyānli lyángsyīn*	N:	"On my word of honor!" "As I have a conscience!"	4. 35
初	*chū*	BF:	the beginning, the first	1. 6
初次	*chūtsż*	N:	first time	1. 6
初學	*chūsywé*	V:	commence the study of (a subject)	1. 6
社會主義	*shèhweijǔyì*	N:	socialism	16. 16
序	*syù*	BF:	order	17. 26
次序	*tsżsyù*	N:	order; arrangement	17. 26
快樂	*kwàilè*	SV/N:	be happy/happiness	8. 20

7 〔一〕

卽(是)	*jí (shr)*	V:	be exactly (colloq. 就是)	15. 21
弄	*nùng*	V:	do, handle, make	6. 9
弄錯了	*nùngtswòle*	RV:	make a mistake, didn't do it right	6. 9
改	*gǎi*			2. 16
改變	*gǎibyàn*	V:	change (synonym compound)	2. 16
修改	*syōugǎi*	V:	amend	18. 30
尾	*wěi*			13. 29

				L N
從頭到尾	*tsúngtóudàuwěi*	Ph:	all the way through from beginning to end	13. 29
求	*chyóu*	V:	seek, beg	3. 18
要求	*yāuchyóu*	V:	demand (要 pronounced with the level tone here)	3. 18
志	*jr̀*			13. 7
志願	*jr̀ywàn*	N:	ambition, will	13. 7
立志	*lìjr̀*	VO:	make up the mind (to accomplish something)	13. 1
同志	*túngjr̀*	N:	comrade	9. 9
均	*jyūn*			17. 18
平均	*píngjyūn*	A:	averaging, on the average	17. 18
却	*chywè*	A:	but, however	15. 4
豆	*dòu*			9. 14
豆子	*dòudz*	N:	bean	9. 14
攻	*gūng*			14. 34
攻擊	*gūngjī*	V:	attack (synonym compound)	14. 34
防	*fáng*			18. 20
防備	*fángbèi*	V:	guard against	18. 20
杜	*dù*			14. 16
胡思杜	*Hú Sz̄dù*	N:	name of Dr. Hu Shih's son	14. 16
李石清	*Lǐ Shŕchīng*	N:	a name	4. 2
批	*pī*			14. 15
批評	*pīpíng*	N/V:	criticism, comment/criticize	14. 15
批准	*pījwǔn*	V:	approve	17. 2
把…當…	*bǎ..N_1.. dàng..N_2..*		take N_1..and treat it as N_2.., treat N_1 as N_2	12. 7
把事當正經事作	*bǎ shr̀ dàng jèng-jing shr dzwò*		treat the affair as a serious matter	12. 7
技	*jì*			17. 22
技術	*jìshu*	N:	technique (synonym compound)	17. 22

				L N
技術人員	*jìshu rénywán*	N:	technician	17.22
抗	*kàng*			15.30
傳統的反抗者	*chwántǔngde fǎnkàngjě*	N:	anti-traditionalist	14.30
村	*tswūn*			6.2
村子	*tswūndz*	N:	village	6.2
各村	*gètswūn*	N:	each village, all villages	6.2
作鄉村工作	*dzwò syāng-tswun gung-dzwò*	VO:	engage in rural work (to improve rural, social, economic, and educational conditions)	15.8

7〔丨〕

足	*dzú*			18.28
滿足	*mǎndzú*	SV:	be satisfied	18.28
吹	*chwēi*	V:	blow	2.19
吹了一口氣	*chwēile yìkǒu chì*		blow out a puff of air	2.19
困	*kwùn*			1.12
困難	*kwùnnan*	N:	difficulty	1.12
步	*bù*	M:	step	1.24
進步	*jìnbù*	V/N:	progress	1.24

7〔丿〕

角	*jyǎu*			17.14
免	*myǎn*	V:	avoid	1.11
免不了	*myǎnbulyǎu*	RV:	cannot avoid	1.11
難免	*nánmyǎn*	A/SV:	inevitably/be difficult to avoid	1.11
利用	*lìyung*	V:	utilize	16.25
利益	*lìyi*	N:	benefit, advantage	13.10
私立	*szlì*		privately established	20.16
我過的簡直不是人的生活	*wǒ gwòde jyǎnjŕ búshr rénde shēnghwó*		the life that I am leading is simply subhuman	7.3

			L N
兵	*bīng*	N: soldier, troops	18. 6
派兵	*pài bīng*	VO: send troops	18. 6
何況	*hèkwàng...*	V: how much more	5. 30
何等樣	*héděngyàng*	N: what kind	8. 8
估	*jàn*	V: occupy	15. 18
作人	*dzwòrén*	VO: be a human being, conduct one's self (as a member of society)	7. 26
作工	*dzwògūng*	VO: work, do manual labor	7. 6
作文	*dzwòwén*	VO: write a composition	7. 21
作者	*dzwòjě*	N: author, writer	9. 4
作夢	*dzwòmèng*	VO: have a dream	7. 22
作官	*dzwògwān*	VO: be an afficial, as an official	7. 26
作戰	*dzwòjàn*	VO: fight (war)	20. 32
作針線	*dzwò jěnsyàn*	VO: to do sewing, tailoring	11. 4
作鄉村工作	*dzwò syāng tswūn gūng-dzwò*	VO: engage in rural work (to improve rural, social, economic, and educational conditions)	15. 8
伯	*bwó*		18. 25
阿拉伯	*Ālābwó*	PW: Arab, Arabia	18. 25
你這東西	*nǐjèdūngsyi*	N: "son of a gun!," you (are) such a wretched creature	5. 21
努	*nǔ*		9. 21
努力	*nǔlì*	SV: make an effort, work hard	9. 29

8 〔丶〕

河北省	*Héběishěng*	PW: Hopei Province	6. 12
泥	*ní*	N: mud	7. 14
泥牆	*níchyáng*	N: mud wall	7. 14
治	*jr̀*		13. 23
政治	*jèngjr̀*	N: politics, government	13. 23

				L N
政治事業	*jèngjr̀ shr̀ye*	N:	political affairs political undertaking	13.23
況	*kwàng*			5.30
何況	*hékwàng*	V:	how much more	5.30
官	*gwān*	N:	official	7.26
作官	*dzwògwān*	VO:	be an official as an official	7.26
怪	*gwài*	V:	blame (as in 別怪我 *byé gwài wǒ*, don't blame me)	3.7
怪不得	*gwàibude*	RV:	no wonder, it is not to be wondered at	3.7
性	*syìng*			12.17
性質	*syìngjr̀*	N:	nature	12.17
記性	*jìsying*	N:	memory	6.7
享	*syǎng*			15.3
享受	*syǎngshòu*	N/V:	enjoyment/enjoy	15.3
於	*yú*			2.23
於是	*yúshr̀*	A:	thereupon, therefore	2.23
終於	*jūngyú*	A:	finally	19.12
關於	*gwānyu*	SV:	concerning, related to	15.1
放水	*fàngshwěi*	VO:	turn water on; let water run out	2.30
放牛	*fàngnyóu*	VO:	tend a cow	
店	*dyàn*	N:	store; inn	6.18
酒店	*jyǒudyàn*	N:	liquor store, bar	6.18
育	*yù*	BF:	nurture, nourish	15.13
發育	*fāyù*	V:	grow up, develop, evolve	15.13
受教育	*shòu jyàuyu*	VO:	receive education	13.3

8 〔一〕

妻	*chī*	N:	wife (lit.)	9.25
妻子	*chīdž*	N:	wife	9.25

				L N
夫妻	*fūchī*	N:	husband and wife	9.25
表示	*byǎushr*	V:	express	1.15
居	*jyū*			11.10
鄰居	*línjyū*	N:	neighbor	11.10
者	*jě*	BF:	those who, that which	9.4
或者	*dzwòjě*	N:	author, writer	9.4
記者	*jìjě*	N:	reporter	14.19
學者	*sywéjě*	N:	scholar	14.26
革新者	*géssyīnjě*	N:	reformer	14.28
傳統的反抗者	*chwántǔngde fǎnkàngjě*	N:	anti-traditionalist	14.30
阿拉伯	*Ālābwó*	PW:	Arab, Arabia	18.25
幸	*syìng*	BF:	fortunate	3.26
幸虧	*syìngkwēi*	A:	fortunately	6.21
不幸	*búsyìng*	A:	unfortunately	3.26
亞	*yǎ*			18.19
亞洲	*Yǎjōu*	PW:	Asia	18.19
兩	*lyǎng*	M:	a Chinese ounce (equiv. 1 1/3 of an English ounce)	6.19
事實	*shrshŕ*	N:	fact, reality	15.5
事業	*shryè*	N:	affair	13.21
其	*chí*	BF:	his, her, its, their (lit.)	9.15
其中	*chíjūng*		in which	9.15
其他	*chítā*		other	9.15
其餘的	*chíyúde*	N:	the rest	10.30
尤其是	*yóuchíshr*	A:	especially	9.15
附	*fù*			8.25
附近	*fùjìn*	PW:	vicinity, near by	8.26
阻	*dzǔ*			18.24
阻止	*dzǔjř*	V:	contain	18.24

				L N
直至	*jr̀jr̀*	N:	until, up to (a certain time or place)	8.14
V 來 V	*V lái V*		(in this pattern 來 *lái* means "in order to"	13.16
拉不動	*lābudùng*	RV:	cannot move (it) by pulling	5.3
拉洋車	*lāyángchē*	VO:	pull a rickshaw	5.2
招	*jāu*			10.31
招待	*jāudài*	V:	entertain	10.31
枝	*jr̄*	M:	(for a branch of a plant, pencil, cigarettes, etc.)	11.28
樹枝	*shùjr̄*	N:	twig, branch (of a tree)	11.27
林	*lín*			9.22
樹林子	*shùlíndz*	N:	woods	9.22

8 〔丨〕

尙	*shàng*			14.35
高尙	*gāushàng*	SV:	high-minded, magnanimous	14.35
果	*gwǒ*	BF:	fruit	1.23
水果	*shwěigwǒ*	N:	fruit	1.23
結果	*jyégwǒ*	A/N:	finally, as a result/ solution, result	1.23
長處	*chángchu*	N:	good point, strong point (of people)	13.35
長的	*jǎngde*		grow to be (長 is pronounced as *jǎng*)	6.4
非要殺	*fēiyàu shā...*		(An incomplete form of 非要殺…不可 *fēiyàu shā... bùkě*, which might be translated: "Nothing will do except killing...")	5.22
明顯	*míngsyǎn*	SV:	be obvious	10.15
花	*hwā*		onomatopoetic; indicating the sound of running water	2.29
花錢	*hwāchyán*	VO:	spend money	3.19
牀	*chwáng*	N:	bed	6.16

				L N
肯	*kěn*	AV	be willing to	8.22
不肯不	*bùkěnbu*	AV	insist on	8.22
岸	*àn*	N	shore	8.6

8 〔丿〕

				L N
受	*shòu*	V	receive	2.22
受罪	*shòu dzwèi*	VO	suffer (hardship or distress)	2.22
受傷	*shòushāng*	VO	wounded	17.12
受罰	*shòufá*	VO	receive punishment	7.8
受教訓	*shòu jyàusyun*	VO	learn a lesson	19.30
受洋罪	*shòu yángdzwèi*	VO	suffer ridiculously (bitter experience)(this expression is usually used jokingly.)	2.22
受不了	*shòubulyǎu*	RV	cannot stand it	4.15
受教育	*shòu jyàuyu*	VO	receive education	13.3
受……影響	*shòu... yǐngsyǎng*	VO	receive influence, be influenced by...	14.12
享受	*syǎngshòu*	N/V	enjoyment/enjoy	15.3
爭	*jēng*			12.32
競爭	*jìngjēng*	V	compete	12.32
命	*mìng*	N	life	5.18
命令	*mìnglìng*	N	order	17.23
生命	*shēngmìng*	N	life	5.18
革命	*gémìng*	N	revolution	15.29
反革命份子	*fǎngémìng fèndž*	N	counter-revolutionary elements	17.8
金門	*Jīnmén*	PW	Quemoy	20.24
金髮	*Jīnfǎ*	N	golden hair	8.9
周	*jōu*			15.16
四周圍	*sžjōuwéi*	N	on all sides, in every direction	15.16
知識	*jīshr*	N	knowledge	9.18

				L N
知識份子	*jr̄shrfendž*	N:	intelligentsia, (分 is pronounced as *fèn* in the combination of 分子 and 子 is stressed)	9.18
服	*fú*	BF:	garment	2.8
服從	*fútsúng*	V:	obey	14.25
西服	*syīfú*	N:	western-style clothes	2.8
制	*jr̀*			15.31
制度	*jr̀dù*	N:	system	15.31
專制	*jwānjr̀*	N:	dictatorship	14.32
物	*wù*	BF:	thing	7.28
動物	*dùngwu*	N:	animal	7.28
動物園	*dùngwuywán*	N:	zoo	7.28
季	*jì*	M:	season (as 四季 *sz̀jì* four seasons)	11.22
夏季	*syàjì*	N:	summer season	11.22
和	*hé*		and (when used between two parallel expressions)	1.1
		CV:	with (as in 我和他一塊兒去 *Wǒ hé tā yíkwar chyù.* I'll go together with him.) (in these two usages, 和 *hé* and 跟 *gēn* have the same function.)	
和平共存	*hépíng gùngtswún*	Ph:	peaceful co-existence	19.23
說話和看書	*shwō hwà hé kàn shū*		speaking and reading	1.1
使…和…平等	*shř...hé... píngděng*		make N_1 equal to N_2	13.14
依	*yī*	SV:	according to	13.5
依靠	*yīkàu*	V:	depend upon	13.5
依我看來	*yī wǒ kàn lái*	Ph:	according to my point of view, it seems to me	13.5
迫	*pwò*			19.19

				L N
壓迫	*yāpwò*	V/N:	oppress/oppression	19. 19
的確	*díchywè*	A:	actually (the pronunciation of 的 is *dí* in this expression)	2. 18
使	*shř*	CV:	make, cause (equiv. 讓 *ràng* in this use)	7. 5
使…和…平等	*shř..hé..N₂..píngděng*		make N_1 to equal to N_2	13. 14
駐美大使	*jùměidàshř*	N:	ambassador to America	14. 6
例	*lǐ*			3. 29
例(子)	*lǐ (dz)*	N:	example	3. 29
例如	*lǐrú*	V:	for example	3. 29
開例	*kāilǐ*	VO:	set a precedent	5. 1
供	*gūng*			11. 5
供給	*gūngjǐ*	V:	support (給 is pronounced as *jǐ* in this combination)	11. 5
如何供得起他讀書	*rúhé gūngdechǐ ni dúshū*		how can (I) afford to support you to go to school	11. 9
狗	*gǒu*	N:	dog	5. 24
始	*shř*			19. 12
始終	*shřjūng*	A:	from beginning to end, in any case	19. 12
開始	*kāishř*	V/A:	begin, start, commence	16. 5
妹	*mèi*			20. 8
妹妹	*mèimei*	N:	younger sister	20. 8
兄弟姐妹	*syūngdì jyěmèi*	N:	brothers and sisters	20. 8
所謂	*swǒwèi*	N:	so-called	15. 20
彼	*bǐ*			2. 4
彼此	*bǐtsz*	A:	mutually, each other	2. 4

9 〔、〕

洗澡	*syǐdzǎu*	VO:	take a bath	2. 26
洞	*dùng*	N:	hole, cave	7. 17

				L N
打出洞來了	*dǎchu dùng láile*	Ph:	break a hole into	7.17
派兵	*pài bīng*	VO:	send troops	18.6
洲	*jōu*	N:	continent	18.18
亞洲	*Yǎjōu*	PW:	Asia	18.19
歐洲	*Ōujōu*	PW:	Europe	18.18
活動	*hwódùng*	N:	activity	17.4
活下去	*hwósyachyu*	RV:	continue to live	5.15
宣	*sywān*			19.3
宣言	*sywānyán*	N:	declaration	19.3
宣傳	*sywānchwán*	V/N:	propagate/propaganda	19.4
美麗	*měilì*	SV:	beautiful	10.4
恨	*hèn*	V:	hate	19.20
痛恨	*tùnghèn*	SV:	have bitter hatred for	19.20
逃	*táu*	V:	escape, run away	10.27
逃走	*táudzǒu*	V:	escape, run away	10.27
帝	*dì*	BF:	emperor	13.30
皇帝	*hwángdì*	N:	emperor	13.30
帝國主義	*dìgwójǔyì*	N:	Imperialism	13.30
軍隊	*jyūndwèi*	N:	troop	17.6
訂	*dìng*			3.22
訂婚	*dìnghwūn*	VO:	become engaged (to marry)	3.22
亭	*tíng*	BF:	pavilion	4.8
歷下亭	*Lìsyàtíng*	PW:	Lìsyà Pavilion	10.6
潘月亭	*Pān Ywètíng*	N:	a name	4.8
亮	*lyàng*	SV:	be bright	4.24
祖	*dzǔ*			10.24
祖父	*dzǔfu*	N:	grandfather (paternal)	10.25
祖母	*dzǔmǔ*	N:	grandmother (paternal)	10.25
祖先	*dzǔsyān*	N:	ancestors	10.25
祝	*jù*	V:	wish (pray)	20.35

			L N
秘	*mǐ*		4.3
秘書	*mǐshū*	N: Secretary	4.3
秘密	*mìmi*	SV: be secret	19.12
為……而……	*wèi..N..ér..V..*	to V for the purpose of N	12.11
為生活而勞動	*wèi shēnghwo ér láudùng*	to labor for the sake of living	12.11
並不	*bìng bu*	A: really not (both used commonly to forestall any remark in the affirmative)	2.17
並沒	*bìng méi*	A: really did not	2.17
前進	*chyánjìn*	SV: be advanced, progressive	19.17
炸	*jà*	V: explode, blast, bomb	16.4
炸煤	*jàméi*	VO: blast coal	16.4
轟炸	*hūngjá*	V: bomb	20.23
炮	*pàu*	N: gun	20.23
炮轟	*pàuhūng*	V: bombard (artillery)	20.23
大炮	*dàpàu*	N: gun, artillery	20.23

9 〔一〕

勇	*yǔn*	SV: be brave	14.27
勇敢	*yǔnggǎn*	SV: be brave	14.27
退	*twèi*		17.29
退回去	*twèihweichyu*	RV: return, send back (things)	17.29
辭退	*tsźtwèi*	V: discharge	4.7
建	*jyàn*		13.19
建立	*jyànlì*	V: establish	13.19
建設	*jyànshè*	V: establish	13.13
重新建設	*chúngsyīn jyànshè*	reconstruct (重 is pronounced as chúng in the compound.	13.13
城市	*chéngshr̀*	N: city	20.27
要求	*yāuchyóu*	V: demand (要 pronounced with the level tone here)	3.18

				L N
南韓	*Nánhán*	PW:	South Korea	20. 22
胡適	*Hú Shr̀*	N:	Hu Shih (a Chinese scolar)	14. 3
胡思杜	*Hú Sz̄dú*	N:	name of Dr. Hu Shih's son	14. 16
革	*gé*	BF:	reform (as in 改革 gǎigé N: reform)	14. 28
革命	*gémìng*	N:	revolution	15. 29
革新者	*gésyīnjě*	N:	reformer	14. 28
反革命份子	*fǎngémìng fendž*	N:	counter-revolutionary element	17. 8
政治	*jèngjr*	N:	politics, government	13. 21
政策	*jèngtsè*	N:	policy	18. 3
政黨	*jèngdǎng*	N:	political party	19. 7
政權	*jèngchywán*	N:	political power, regime	13. 25
政治事業	*jèngjr̀ shr̀yè*	N:	political affairs, political undertaking	13. 23
持	*chŕ*			19. 29
支持	*jr̄chŕ*	N/V:	support	19. 29
維持	*wéichŕ*	V:	maintain	15. 25
指	*jř*	V:	point	5. 7
相信	*syāngsyìn*	V:	to believe in	12. 4
相識	*syāngshr̀*	V:	be acquainted with (a person)	8. 12
飛舞	*fēiwǔ*	V:	wave, float (in the air)	10. 20
厚	*hòu*	SV:	be thick	8. 4
面	*myàn*		(cf: 1. 20)	5. 14
面前	*myànchyan*	N:	in front of (someone's face)	5. 14
下面兩點	*syàmyàn lyǎngdyǎn*		the two items below	1. 20
負	*fù*			16. 18
負責	*fudzé*	SV:	be responsible	16. 18
擔負(責任)	*dānfù (dzéren)*	V:	bear (responsibility), to shoulder	13. 22

9 〔丨〕

				L N
思想	*sz̄syǎng*	N：	thought	13. 6
則	*dzé*	P：	then (colloq. 就)	15. 15
若	*rwò*			3 . 23
若是	*rwòshr*	MA：	if	3 . 23
英格蘭	*Yīnggélán*	PW：	England	8 . 16

9 〔ノ〕

食	*shŕ*			17. 10
糧食	*lyángshr*	N：	food provisions	17. 10
香港	*Syānggǎng*	N：	Hong Kong	14. 13
重新建設	*chúngsyīn jyànshè*		reconstruct (重 is pronounced as *chúng* in the compound 重新)	13. 13
信心	*syìnsyīn*	N：	confidence	20. 33
皇帝	*hwángdì*	N：	emperor	13. 30
段	*dwàn*	M：	paragraph, section, passage	1 . 7
同一段	*túngyīdwàn*		the same paragraph	1 . 7
侵	*chīn*			18. 21
侵畧	*chīnlywè*	V/N：	invade (unlawfully)/ aggression	18. 21
保證	*bǎujèng*	V/N：	guarantee/guaranty	20. 31
保衛	*bǎuwèi*	V：	protect, guard	18. 32
保守主義	*bǎushǒujǔyì*	N：	conservatism	14. 29
修	*syōu*	V：	repair	18. 30
修理	*syōulǐ*	V：	repair	18. 30
修改	*syōugǎi*	V：	correct, revise, amend	18. 30
紀	*jǐ*			17. 21
紀律	*jǐlyù*	N：	discipline	17. 21
紅旗	*húngchí*	N：	red flag	9 . 7
紅糖	*húngtáng*	N：	brown sugar	6 . 8
律	*lyù*			17. 21

				L N
紀律	*jìlyù*	N:	discipline	17.21
待	*dài*	V:	treat	4.20
招待	*jāudaì*	V:	entertain	10.31
後悔	*hòuhwěi*	SV:	be regrettable	17.16

10〔、〕

涉	*shè*	BF:	involve	19.10
干涉	*gānshè*	V:	interfere with	19.10
消	*syāu*	BF:	extinguish	13.33
消滅	*syāumyè*	V:	wipe out, extinguish	13.33
海外	*hǎiwài*	N:	overseas	8.15
家	*jyā*	BF:	(a suffix to indicate a specialist)	11.3
悔	*hwěi*	BF:	regret	17.16
後悔	*hòuhwěi*	SV:	be regrettable	17.16
准	*jwǔn*	V:	permit	17.2
批准	*pījwǔn*	V:	approve	17.2
旁	*páng*			2.12
旁邊兒	*pángbyār*	PW:	beside, alongside	2.12
訓	*syùn*	V:	instruct, advise	19.30
教訓	*jyàusyun*	N/V:	lesson (a reproof)/ reprove	19.30
受教訓	*shòu jyàusyun*	VO:	learn a lesson	19.30
記	*jì*	BF:	record, sketch (often used in a title)	10.18
記者	*jìjě*	N:	reporter	14.19
記號	*jìhau*	N:	mark	10.32

				L N
被	*bèi*		(This expression is used in two common structures: a. 被 V as in 被請 *bèi chǐng* be invited, 被辭退 *bèi tsźtwèi,* be discharged. b. 被 NV as in 被人打了 *bèi rén dǎ le,* be beaten by someone. In both cases, it is a signal to show action suffered by the subject, hence "passive" action.)	4.6
效	*syàu*	BF:	efficacy	16.31
有效	*yǒusyàu*	SV:	be effective	16.31
料	*lyàu*	BF:	material	11.31
顏料	*yánlyàu*	N:	(color) pigment, dyestuff	11.31
益	*yì*	BF:	benefit	13.10
利益	*lìyi*	N:	benefit, advantage	13.10
書記	*shūji*	N:	clerk	4.5
馬	*mǎ*	N:	horse	6.23
馬上	*mǎshàng*	A:	immediately (colloquial)	6.23
秦家	*Chínjya*	N:	the Chin family	
珠	*jū*	BF:	pearl	11.30
水珠	*shwěijū*	N:	water drops ("pearls of water")	11.30
班	*bān*	M:	class	4.25
弱	*rwò*	SV:	be weak	9.21
弱點	*rwòdyǎn*	N:	weak point	16.21
展	*jǎn*	BF:	spead out	15.32
發展	*fājǎn*	V:	develop, expand	15.32
擴展	*kwòjǎn*	V:	extend, expand	18.14
起來	*chǐlai*	V:	rise	18.17
降爲	*jyàngwéi*	V:	descend to, come down to	15.19
陣	*jèn*	M:	for rain or wind storms	11.23
一陣大雨	*yíjèn dàyǔ*		a shower	11.23

				L N
除去	*chúchyu*	V:	eradicate, do away with	9.11
除草	*chútsǎu*	VO:	to weed	9.10
匪	*fěi*	BF:	bandit	19.26
共匪	*Gùngfěi*	N:	Communist bandit	19.26
孫	*sūn*			19. 2
孫中山	*Sūn Jūngshān*	N:	Dr. Sun Yat-San	19. 2
格	*gé*			15.24
英格蘭	*Yīnggélán*	PW:	England	8.16
資格	*dżgé*	N:	qualification	15.24
桃花源	*táuhwāywán*	N:	Peach-Blossom Spring	10.17
校長	*syàujǎng*	N:	president of a university, principal of a school	14. 7
根	*gēn*	M:	(for grass, clubs, etc.)	9.12
致	*jr̀*			3.13
一致	*yíjr̀*	SV:	consistent	3.13
破	*pwò*	SV:	broken, ruined	1.16
破壞	*pwòhwài*	V:	destroy, demolish	17. 3
打破	*dǎpwò*	RV:	break (down) (either material things or a difficulty, a prejudice, tradition, record, etc.)	1.16

10 〔丨〕

財	*tsái*	BF:	wealth	7.25
財產	*tsáichǎn*	N:	property	20.21
發財	*fātsái*	VO/Ph:	make lots of money/wish you to make a lot of money	7.25
豈	*chǐ*			5.16
豈有此理	*chǐyǒutsžlǐ*	Ph:	How can it be so? It's ridiculous. How do you get that?	5.16

10 〔丿〕

途	*tú*	BF:	road, journey	8.29

				L N
途中	*tújūng*	N:	on the road, during the trip	8.29
拿…來說	*ná...lai shwō*	Ph:	speaking of, as far as...is concerned	2.1
拿種類來說	*ná jǔnglei lai shwō*	Ph:	speaking of categories	2.1
殺	*shā*	V:	kill	5.11
自殺	*dzshā*	V:	commit suicide	5.11
非要殺	*fēiyàu shā...*		(An incomplete form of 非要殺…不可 fēiyàu sha... bùkě, which might be translated: "Nothing will do except killing....")	5.22
針	*jēn*	N:	needle; pin	11.4
作針線	*dzwò jēnsyàn*	VO:	to do sewing, tailoring	11.4
能力	*nénglì*	N:	ability	12.12
缺	*chywē*	V:	lack, short of	18.31
缺點	*chywēdyǎn*	N:	shortcoming, defect	18.31
氣壞了	*chìhwàile*	RV:	drive (a person) wild with anger, to arouse someone's anger to the point where he "goes to pieces," driven wild by anger	3.25
乘	*chéng*	V:	ride (train, boat, airplane, etc.)	19.21
乘此機會	*chéng tsž jīhwei*	Ph:	take this opportunity	19.21
造	*dzàu*	V:	make, create, "coin" (words)	12.3
透	*tòu*	V:	penetrate, pass through	11.25
秘	*mì*			4.3
秘書	*mìshū*	N:	secretary	4.3
秘密	*mìmi*	SV:	be secret	19.22
留聲機	*lyóushēngjī*	N:	phonograph	3.6
鬼	*gwěi*	N:	devil; ghost	5.20
倒	*dàu*	A:	on the contrary	2.6

				L N
倒	*dǎu*	V:	fall (倒 is the same form as used for *dàu* contrary.)	5.23
倡	*chàng*	BF:	to initiate, advocate	13.17
提倡	*tíchàng*	V:	promote	13.17
個人	*gèrén*	N:	an individual, one's self	4.34
級	*jí*			19.16
階級	*jyējí*	N:	class (social, official)	19.16
無產階級	*wúchǎnjyējí*	N:	proletariat	19.16
紐約時報	*Nyǒuywē Shŕbàu*	N:	New York Times	14.1
般	*bān*			11.32
像⋯一般	*syàng...yìbān*	Ph:	resemble, alike (same as 像⋯一樣 *syàng yíyàng*)	11.32
娘	*nyáng*	N:	mother	11.14
11 〔、〕				
清朝	*Chīngcháu*	N:	The Ching Dynasty (1644-1911 A. D.)	10.29
混	*hwùn*	BF:	disorderly	19.13
混亂	*hwùnlwàn*	SV:	become disorderly	19.13
添	*tyān*	V:	add, supplement with, (not used for doing a sum in addition)	4.27
密	*mǐ*	BF:	secret	19.22
秘密	*mǐmi*	SV:	be secret	19.22
竟	*jìng*			6.27
究竟	*jyōujìng*	A:	after all	6.27
章	*jāng*	M:	a chapter, a section, a paragraph	1.2
文章	*wénjāng*	N:	an essay, an article	1.2
許多	*syǔdwō*		a lot of, very many	16.3
設	*shè*			13.13
重新建設	*chúngsyīn jyànshè*		reconstruct (重 is pronounced as *chúng* in the compound 重新)	13.13

				L N
族	*dzú*			15. 17
民族	*míndzú*	N:	race, tribe	15. 17
痲	*má*			3. 16
痲煩	*máfan*	SV:	be bothersome, annoying, troublesome	3. 16
		V:	trouble (as in 痲煩他 *mafan nǐ* trouble you)	

11 (一)

務	*wù*	BF:	affair	16. 19
任務	*rènwu*	N:	work; mission	16. 19
張喬治	*Jāng Chyáujr̀*	N:	a name. Chyáujr̀ is the Chinese transliteration of George, indicating to a Chinese reader that the man is westernized.	4. 10
責	*dzé*			2. 11
責任	*dzéren*	N:	responsibility	2. 11
以國家爲自己的責任	*yǐ gwójyā wéi dzjǐde dzéren*		regard the (affairs of the) country as (one's) own responsibility	13. 20
負責	*fùdzé*	SV:	be responsible	16. 18
現代	*syàndài*	N:	modern (age), contemporary	1. 9
理想	*lǐsyǎng*	SV/N:	ideal	19. 18
頂	*dǐng*	A:	extremely (the top)	5. 9
專	*jwān*	A:	solely, specially	13. 9
專家	*jwānjyā*	N:	specialist	13. 9
專制	*jwānjr̀*	N:	dictatorship	14. 32
副	*fù*	BF/M:	deputy, assistant/a pair	10. 7
副校長	*fusyàujǎng*	N:	vice principal (of a school)	10. 7
一副	*yifù*	M:	a pair	10. 7
陰	*yīn*	SV:	cloudy	9. 20
陰天	*yīntyān*	VO/N:	become cloudy/cloudy day	9. 20
陰謀	*yīnmóu*	N/V:	an intrigue/to plot	19. 11

				L N
區	*chyū*	M:	district, zone	18. 12
地區	*dìchyū*	N:	district, area	18. 12
陳	*Chén*	N:	(a surname)	20. 1
排	*pái*	V:	arrange	17. 9
排隊	*páidwèi*	VO:	stand in line	17. 9
掛	*gwà*	V:	hang	4. 16
掛上	*gwàshang*	V:	hang up	4. 16
11 〔丨〕				
畧	*lywè*	BF:	seize	18. 21
侵畧	*chīnlywè*	V/N:	invade (unlawfully)/ aggression	18. 21
開玩笑	*kāi wánsyàu*	VO:	joke with; pull a prank	2. 24
晚到	*wǎndàu*	V:	arrive late	17. 17
拉	*la*	P:	(theoretically, *la* is a fusion of *le* and *a*, but in practical use, 啦 *la* is interchangeable with 了 *le* except when 了 is pronounced as *lyǎu*.)	2. 5
啊	*a*	P:	(used to add confirmation to a statement; may be rendered by such expressions "you see," "you know")	3. 17
啊	*á*	P:	what (with a rising tone) (cf: 3. 7)	5. 13
國家	*gwójyā*	N:	country, nation	13. 18
國民黨	*Gwómíndǎng*	N:	Kuomintang (Nationalist Party)	14. 9
國會	*gwóhwèi*	N:	congress, parliament	18. 4
累	*lèi*	SV:	be tired	4. 29
眼	*yǎn*	N:	eye	4. 22
野	*yě*	SV:	be wild	2. 25
野蠻	*yěmán*	SV:	be barbarous, uncivilized	2. 25
敗	*bài*	BF:	defeat	17. 7

			L N
打敗	*dǎbài*	RV: defeat, be defeated	17. 7
失敗	*shr̄bài*	SV/N: fail/failure (cf: 17. 7)	18. 27
冕	*myǎn*		11. 1
王冕	*Wǎng Myǎn*	N: (name of a Chinese artist)	11. 1
荷花	*héhwā*	N: lotus flower	11. 29
荷葉	*héyè*	N: lotus leaf (The Chinese use lotus leaves to wrap up wet articles. It serves the same purpose as wax paper.)	11. 21

11 〔ノ〕

貧	*pín*	BF: poor	18. 26
貧窮	*pínchyúng*	SV: be poor	18. 26
第一等	*dìyīděng*	SP NU-M: first-class	12. 20
動身	*dùngshēn*	VO: start a trip	10. 3
進行	*jìnsyíng*	V: proceed, carry on	16. 15
假話	*jyǎhwà*	N: false saying (假 *jyà* is the same form of *jyà* in *fàngjyà* 放假)	7. 27
假的	*jyǎde*	false	7. 27
偶	*ǒu*		3. 28
偶然	*ǒurán*	A: by chance, sometimes	3. 28
猪	*jū*	N: hog	7. 4
猪肉	*jūròu*	N: pork	7. 4
猜	*tsāi*	V: guess	5. 4
您	*nín*	N: you (polite form of 你 nǐ)	4. 18
終	*jūng*	BF: end	19. 12
終於	*jūngyú*	A: finally	19. 12
始終	*shr̆jūug*	A: from beginning to end, in any case	19. 12
組	*dzǔ*	N: group; section (as in an organization)	16. 17
細	*syì*	SV: be minute, careful	10. 24

				L N
詳細	*syángsyǐ*	A/SV:	in detail, detailed	10. 24
詳詳細細的	*syángsyáng-syǐsyǐde*	A:	in detail	10. 24
得着	*déjáu*	RV:	got (得 pronounced as *dé* when it means "get")	7. 9
從來	*tsúnglái*	A:	heretofore	8. 25
從…起	*tsúng...chǐ*		from (a certain time) on	16. 9
術	*shù*			17. 22
技術	*jìshu*	N:	technique (synonym compound)	17. 22
技術人員	*jìshu rénywán*	N:	technician	17. 22
12 〔、〕				
港	*gǎng*	N:	harbor	14. 13
香港	*Syānggǎng*	N:	Hong Kong	14. 13
減	*jyǎn*	V N:	diminish, subtract; minus	1. 22
減少	*jyǎnshǎu*	V:	decrease, reduce	1. 22
渴	*kě*	SV:	thirsty	11. 17
盜	*dàu*	BF:	rob, steal	5. 19
强盜	*chyángdàu*	N:	robber	5. 19
	chwāng	BF:	window	7. 13
子	*chwāngdz*	N:	window	7. 13
評	*píng*	BF:	to comment on, criticism (as in 書評 *shūpíng* N: book review)	14. 2
評論	*pínglwùn*	V/N:	discuss/discussion	14. 2
雇	*gù*	V:	hire	
就是…也…	*jyòushr...yě...*	A:	even if...	4. 30
痛苦	*tùngkǔ*	N/S:	bitter suffering, be painful	12. 28
遊	*yóu*	BF:	travel, roam	12. 27
無業遊民	*wúyèyóumín*	N:	unemployed idler, vagrant	12. 27
道路	*dàulù*	N:	way, road, course	14. 33
曾	*tséng*	A:	(indicates an action occuring in the past)	16. 14

				L N
勞	*láu*	BF:	toil	12. 26
勞苦	*láukǔ*	N:	hardship	12. 26
勞動	*láudùng*	N/V:	labor	9. 19
爲生活而勞動	*wèi shēnghwo ér láudùng*		to labor for the sake of a living	12. 11

12 〔一〕

雲	*yún*	BF:	cloud (colloq. *yúntsai*)	11. 24
畫家	*hwàjyā*	N:	artist (painter)	11. 3
强	*chyáng*	SV:	be strong	5. 19
强盜	*chyángdàu*	N:	robber	5. 19
越	*ywè*			11. 33
越來越…	*ywèláiywè...SV*	Ph:	getting more...adj... all the time	11. 33
越來越多	*ywèláiywèdwō*	Ph:	getting more and more	11. 33
博	*bwó*			2. 3
博士	*bwóshr*	N:	a doctor (as of science, etc.), Ph. D., doctor's degree	2. 3
毛博士	*Máu Bwóshr*		Dr. Máu	2. 3
達	*dá*	BF:	reach	12. 25
達到	*dádàu*	V:	attain, reach	12. 25
達到目的	*dádau mùdi*	VO:	attain a goal	12. 25
報告	*bàugàu*	N/V:	report/report	16. 22
隊	*dwèi*	M:	(for soldiers, people, etc.)	17. 6
排隊	*páidwèi*	VO:	stand in line	17. 9
軍隊	*jyūndwèi*	N:	army	17. 6
階	*jyē*			19. 16
階級	*jyējí*	N:	class (social, official)	19. 16
無產階級	*wúchǎnjyējí*	N:	proletariat	19. 16
朝	*cháu*	BF:	dynasty	10. 29
朝代	*cháudài*	N:	dynasty	10. 29
清朝	*Chīngcháu*	N:	the Ching Dynasty (1644-1911 A. D.)	10. 29

				L N
欺	*chī*	BF	take advantage of	20. 26
欺騙	*chīpyàn*	N/V	cheat and take advantage of	20. 26
黃省三	*Hwáng Syǐngsān*	N	a name	4 . 4
散	*sàn*	V	scatter, disperse	3 . 10
散步	*sànbù*	VO	take a stroll, take a walk	3 . 10
森	*sēn*			18. 1
艾森豪主義	*Aìsēnháujǔyì*	N	Eisenhower Doctrine	18. 1
換一句話說	*hwàn yíjyu hwà shwō*	Ph	in other words	4 . 32
提	*tí*	V	mention, bring up (a subject)	1 . 21
提倡	*tíchàng*	V	promote	13. 17
提出來	*tíchulai*	VR	bring up (a subject), raise (a question)	1 . 21
提起此人	*tíchi tszǐrén*		when this person is mentioned	6 . 1
援	*ywán*	BF	aid	18. 7
援助	*ywánjù*	V/N	aid	18. 7
揮	*hwēi*	BF	wield	9 . 13
聽指揮	*tīng jǐrhwēi*	VO	obey an order	9 . 13
殘	*tsán*			10. 2
老殘	*Lǎutsán*	N	(pen name of Lyóu E, the author of <u>Doctor's Travelogue</u>)	10. 2
賀	*hè*	BF	congratulate	7 . 24
賀喜	*hèsyǐ*	V/N	congratulate/congratulation	7 . 24

12〔丨〕

晴	*chíng*	V	clear sky	8 . 2
晴天	*chíngtyān*	VO	clear sky	8 . 2
遇	*yù*	BF	meet	7 . 2
遇見	*yùjyan*	RV	meet	7 . 2
喊	*hǎn*	V	call, yell	7 . 18

			L N
過去	*gwòchyù*	MA: in the past	18. 15
閒	*syán*	SV: be idle	16. 8
閒着	*syánje*	V: spend time in idleness or leisurely	16. 8
華	*hwá*	BF: China	13. 12
中華民國	*Jūnghwámíngwó*	N: Republic of China	19. 8
12 〔ノ〕			
創	*chwàng*	BF: create, make	19. 6
創立	*chwànglì*	V: found (an organization)	19. 6
舒	*shū*		2. 10
舒服	*shūfu*	SV: comfortable	2. 10
傘	*sǎn*	N: umbrella	8. 5
等等	*děngděng*	and so on, etc.	3. 30
策	*tsè*		18. 3
政策	*jèngtsè*	N: policy	18. 3
答應	*dāying*	V: answer, a¬ree with, promise, say “yes’	11. 19
勝	*shèng*	BF: conquer, win	7. 20
勝利	*shènglì*	N: victory	7. 20
象	*syàng*	BF: appearance	3. 1
印象	*yìnsyàng*	N: impression	3. 1
現象	*syànsyang*	N: phenomenon	17. 28
集	*jí*	BF: to collect, gather	12. 9
集中	*jíjūng*	V: concentrate	12. 9
集中營	*jíjūngyíng*	N: concentration camp	20. 13
集體農場	*jítǐnúngchǎng*	N: collective farm	20. 15
偉	*wěi*	BF: great	14. 38
偉大	*wěidà*	SV: great	14. 38
衆	*jùng*	BF: multitude	13. 11
大衆	*dàjùng*	N: the masses, the public	13. 11

				L N
牌	*pái*	N:	placard	6.24
打牌	*dǎpái*	VO:	play cards, play (a Chinese card game)	6.24
順	*shwùn*	BF:	smooth, along	3.21
順當	*shwùndang*	SV/A:	smooth; smoothly	3.21
統	*tǔng*			12.15
大總統	*dàdzǔngtǔng*	N:	president (of a country)	12.15
傳統的反抗者	*chwántǔngde fǎnkàngjě*	N:	anti-traditionalist	14.29
蔣總統	*Jyǎng Dzǔngtǔng*	N:	President Chiang	20.30
絶	*jywé*			1.18
絶對	*jywédwèi*	A:	absolutely	1.18
幾千年以來	*jichyānnyán yǐlái*		it has been several thousand years up until now	13.8
須	*syū*	BF:	must, necessary	1.17
必須	*bìsyū*	A:	must, necessarily	1.17

13〔丶〕

滅	*myè*			20.29
消滅	*syāumyè*	V:	wipe out, extinguish	13.33
毀滅	*hwěimyè*	V:	destroy	20.29
準	*jwǔn*	SV:	be accurate	16.8
準備	*jwǔnbèi*	V/N:	prepare/preparation	16.8
標準	*byāujwǔn*	N/SV:	standard	20.5
慌	*hwāng*			15.6
慌張	*hwāngjāng*	SV/A:	be flustered/nervously	15.6
不慌不忙	*bùhwāngbumáng*	A:	calmly	15.6
資	*dz̄*			15.24
資格	*dz̄gé*	N:	qualification	15.24
意見	*yìjyan*	N:	opinion	18.8
新青年	*Syīnchīngnyán*	N:	"New Youth" name of a literary magazine	14.5

			L N
詳	*syáng*	BF: in detail	10. 24
詳細	*syángsyì*	A/SV: in detail, detailed	10. 24
詳詳細細的	*syángsyang-syìsyìde*	A: in detail	10. 24
詩	*shr̄*	N: poem	8. 7
福	*fú*	BF: blessing	17. 27
福利事業	*fúlì shr̀ye*	N: welfare matters	17. 27
義	*yì*	BF: significance	14. 22
主義	*jǔyì*	N: principles, -ism	14. 23
意義	*yìyì*	N: significance	14. 22
有意義	*yǒuyìyì*	SV: be significant, meaningful	14. 22
共產主義	*Gùngchǎnjǔyì*	N: Communism	14. 23
社會主義	*shèhweijǔyì*	N: socialism	16. 16
保守主義	*bǎushǒujǔyì*	N: conservatism	14. 29
帝國主義	*dìgwójǔyì*	N: imperialism	13. 30
艾森豪主義	*Àisēnháujǔyì Ai*	N: Eisenhower Doctrine	18. 1
煩	*fán*		3. 16
麻煩	*máfan*	SV: be bothersome, annoying, troublesome	3. 16
煤	*méi*	N: coal	16. 1
煤礦	*méikwàng*	N: coal mine	16. 1

13 〔一〕

羣	*chyún*		12. 22
人羣	*rénchyún*	N: humanity	12. 22
鼓	*gǔ*	N: drum	16. 27
鼓動	*gǔdùng*	V: incite, instigate	16. 27
勢	*shr̀*		13. 26
勢力	*shr̀li*	N: influence, power	13. 26
有勢力	*yǒushr̀li*	SV: be influential	13. 26
幹	*gàn*	V: do (a very colloquial expression for 作 *dzwo*)	3. 14

				L N
損	*swǔn*	BF:	lose, damage	16. 29
損失	*swǔnshr̄*	V/N:	lose, damage	16. 29
搶	*chyǎng*	V:	rob, snatch	5 . 5
搬	*bān*	V:	move	16. 17
搬運組	*bānyùndzǔ*	N:	transportation section	16. 17
感	*gǎn*	BF:	gratitude	9 . 24
感謝	*gǎnsyè*	SV:	be grateful	9 . 24
感想	*gǎnsyǎng*	N:	impressions	14. 20
碗	*wǎn*	M/N:	bowl	5 . 17

13 〔丨〕

當(作)	*dàng(dzwo)*	V:	consider as, take for (作 is pronounced as *dàng* in this use)	20. 9
當…時候	*dāng...shŕhou*	Ph:	when (or while)....	9 . 30
農	*núng*	BF:	agriculture	9 . 1
農人	*núngrén*	N:	farmer	9 . 1
農村	*núngtswūn*	N:	farm village	9 . 1
農業	*núngyè*	N:	agriculture	9 . 5
農業社	*núngyeshè*	N:	farm co-op	9 . 8
集體農場	*jítínúngchǎng*	N:	collective farm	20. 15
圍	*wéi*			13. 27
範圍	*fànwéi*	N:	scope	13. 27
暗	*àn*	SV:	be dark	7 . 12
跳	*tyàu*	V:	jump	5 . 10
跳舞	*tyàuwǔ*	VO/N:	dance	10. 20
心跳	*syīntyàu*	SV:	be fearful, apprehensive, "jumpy"	5 . 10
暖	*nwǎn*			2 . 2
暖和	*nwǎnhwo*	SV:	be comfortably warm (和 is pronounced as *hwo* in this combination and serves as a suffix)	2 . 2

				L N
照鏡子	*jàu jìngdz*	VO:	look into the mirror, look at one's reflection in the mirror	2.14
圓	*ywán*	SV:	be round	12.19
圓滿	*ywánmǎn*	SV:	perfect, satisfactory	12.19
敬	*jìng*			2.7
敬重	*jìngjùng*	V/SV:	respect, pay respect/ be respectful	2.7
敬業	*jìngyè*	VO:	take one's work seriously, respect (one's own) job	12.1
罪	*dzwèi*	N:	crime; sin	2.22
受罪	*shòu dzwèi*	VO:	suffer (hardship or distress)	2.22
受洋罪	*shòu yángdzwèi*	VO:	suffer ridiculously (bitter experience)(this expression is usually used jokingly)	2.22
裝病	*jwāngbìng*	VO:	pretend to be ill	16.21

13 〔丿〕

亂	*lwàn*	SV:	be disorderly	10.26
大亂	*dàlwàn*	N:	chaos, turmoil	10.26
腦	*nǎu*			6.6
腦子	*nǎudz*	N:	the brain	6.6
頭腦	*tóunǎn*	N:	the mind	6.6
解救	*jyějyòu*	V:	free, relieve	20.10
毀	*hwěi*	V:	destroy	7.16
毀滅	*hwěimyè*	V:	destroy	20.29
僅	*jǐn*	BF:	merely	18.13
僅是…而已	*jǐnshr̀...éryǐ*	A:	just....that is all	18.13
傳	*chwán*	V:	pass, transmit	8.19
傳來	*chwánlái*	V:	send over here	8.19
傳統的反抗者	*chwántǔngde fǎnkàngjě*	N:	anti-traditionalist	14.30
宣傳	*sywānchwán*	V/N:	propagate/propaganda	19.4

			L N
傷	*shāng*		17. 12
受傷	*shòushang*	VO: get wounded	17. 12
經理	*jīnglǐ*	N: manager	4 . 9
	mā	N: mama	5 . 12

14 〔、〕

演	*yǎn*		20. 7
講演	*jyǎngyǎn*	V/N: give a speech/speech	20. 7
滿意	*mǎnyì*	SV: be satisfied (with)	18. 23
漸	*jyàn*	A: gradually	8 . 23
漸漸的	*jyànjyānde*	A: gradually	8 . 23
寧	*níng*		19. 15
列寧	*Lyèníng*	N: Lenin	19. 15
齊	*chí*	SV: be even, regular, uniform	10. 22
整齊	*jěngchí*	SV: be in good order, neat	10. 22
認爲	*rènwéi*	V: be of the opinion that, hold (the opinion that,)	16. 13
豪	*háu*		18. 1
艾森豪主義	*Aisenháu jǔyì*	N: Eisenhower Doctrine	18. 1
複	*fù*	BF: double, repeat	1 . 19
複雜	*fùdzá*	SV: be complicated, complex	1 . 19
旗	*chí*	BF: flag	9 . 7
旗子	*chídz*	N: flag	9 . 7
國旗	*gwóchí*	N: national flag	9 . 7
紅旗	*húngchí*	N: red flag	9 . 7
榮	*rúng*	BF: glory	14. 37
光榮	*gwāngrúng*	SV/N: be glorious, splendid/glory, splendour	14. 37

14 〔一〕

盡	*jǐn*	V: to exhaust, exhaustive	12. 23
盡責任	*jǐn dzérèn*	VO: live up to (responsibility)	12. 23
	gǎn	V: drive away	7 . 19

				L N
走	*gǎndzǒu*	RV	chase away	7.19
緊	*gǎnjǐn*	A	speedily, at once	7.19
得上	*gǎndéshàng*	RV	able to catch up	7.19
際	*jì*			18.10
實際上	*shŕjìshang*	A	actually, in fact	18.10
緊張	*jǐnjāng*	SV	be hard (work): tense	16.20
境	*jìng*			12.13
環境	*hwánjìng*	N	environment	12.13
碰	*pèng*	V	touch; run into	10.16

14 〔丨〕

聞	*wén*	V	smell	5.29
罰	*fá*	V	punish	7.8
受罰	*shòufá*	VO	receive punishment	7.8
夢	*mèng*	N	dream	7.22
夢見	*mèngjyan*	RV	dream, dream of	7.22
作夢	*dzwòmèng*	VO	have a dream	7.22
對子	*dwèidz*	N	a couplet (usually written and mounted for house decoration)	10.8

14 〔丿〕

領	*lǐng*	V	lead, guide	16.12
領導	*lǐngdǎu*	V/N	lead/guidance, leadership	16.12
領導上	*lǐngdǎushang*	N	the official authorities (a term used on the mainland)	16.12
態	*tài*			12.6
態度	*tàidù*	N	attitude, manner	12.6
算怎麼回事	*swàn dzěmma hwéishr̀*		what's all this supposed to be (implying disapproval)	4.19
管理	*gwǎnlǐ*	V/N	manage/management	17.24
製	*jr̀*	BF	manufacture	16.28
製造	*jr̀dzàu*	V	manufacture, make	16.28

			L N
稱	*chēng*		12.16
名稱	*míngchēng*	N：title, name	12.16
與	*yǔ*	CV：with, and (literary)	8.17
付與	*fuyǔ*	V：give	8.17
維	*wéi*		15.25
維持	*wéichŕ*	V：maintain	15.25
15〔、〕			
潘月亭	*Pān Ywètíng*	N：a name	4.8
寬	*kwān*	SV：be wide, broad	10.21
敵	*dí*		14.17
敵人	*dírén*	N：enemy	14.17
調	*dyàu*	V：transfer	16.24
調查	*dyàuchá*	V：investigate	16.24
廠	*chǎng*	N：factory	20.28
廟	*myàu*	N：temple	10.11
導	*dǎu*	BF：lead	16.12
領導	*lǐngdǎu*	V/N：lead/guidance, leadership	16.12
養	*yǎng*	V：support (as dependents)	5.6
養家	*yǎngjyā*	VO：support one's family	5.6
養份	*yǎngfen*	N：nutrition	5.26
15〔一〕			
駐美大使	*jùměidàshř*	N：ambassador to America	14.6
選	*sywǎn*	V：select	12.14
層	*tséng*	M：a story (of a building)	5.8
醉(了)	*dzwèi(le)*	V：be intoxicated	6.20
喝得大醉	*hēde dà dzwèi*	drink until very drunk	6.20
趣味	*chyùwèi*	N：interest	12.29
歐	*ōu*		18.18
歐洲	*Oujōu*	PW：Europe	18.18

				L N
歐美各國	*Ōuměi gègwó*	N:	the various nations of Europe and America	13. 16
西歐	*Syīōu*	N:	Western Europe	15. 27
增	*dzēng*			16. 10
增加	*dzēngjyā*	V/N:	increase	16. 10
增產	*dzēngchǎn*	V:	increase production	16. 10
播	*bwō*	V:	scatter	20. 2
廣播	*gwǎngbwō*	V:	broadcast	20. 2
標	*byāu*	BF:	mark	20. 5
標準	*byāujwǔn*	N/SV:	standard	20. 5
磅	*bàng*	M:	pound (a transliteration)	5. 27
確	*chywè*			2. 18
的確	*díchywè*	A:	actually (the pronunciation of 的 is *dí* in this expression)	2. 18
髮	*fǎ*	BF:	hair	8. 9
頭髮	*tóufǎ*	N:	hair (on the human head)	8. 9
金髮	*jīnfǎ*	N:	golden hair	8. 9
15 〔丨〕				
劇	*jyù*			4. 1
話劇	*hwàjyù*	N:	dialogue play (Traditional Chinese drama usually took the form of musical plays, in which the language is largely literary. Since the Chiness literary revolution of 1919, the *hwàjyù* or "dialogue play" has developed in which the dialogue is written in everyday language.)	4. 1
影子	*yǐngdz*	N:	shadow; image	10. 14
賭	*dǔ*	V:	gamble, bet	6. 26
賭錢	*dǔchyán*	VO:	gamble	6. 26
蔣總統	*Jyǎng Dzǔngtǔng*	N:	President Chiang	20 30

15 〔ノ〕

				L N
餘	*yú*	BF:	the rest, more than	10. 30
其餘的	*chíyúde*	N:	the rest	10. 30
一百餘人	*yìbǎiyú rén*		more than one hundred people	10. 30
餓	*è*	SV:	be hungry	4 . 14
餓得又哭又叫	*ède yòukūyòujyàu*		so hungry that (they) are crying and yelling	4 . 14
範	*fàn*			13. 27
範圍	*fànwéi*	N:	scope	13. 27
篇	*pyān*	M:	(for articles, essays, etc.)	9 . 3
舞	*wǔ*	N:	dance	10. 20
飛舞	*fēiwǔ*	V:	wave, float (in the air)	10. 20
跳舞	*tyàuwǔ*	VO/N:	dance	10. 20
靠	*kàu*	CV:	depend on... (for a living)	11. 8
依靠	*yīkàu*	V:	depend upon	13. 5
億	*yì*	M:	one hundred million	20. 11
六億	*lyòuyì*	NV:	six hundred million	20. 11
樂	*lè*	SV:	be happy	8 . 20
樂業	*lèyè*	VO:	enjoy one's work (colloq. *syǐhwan* (*ta*) *dzwòde shr̀*)	12. 2
快樂	*kwàilè*	SV/N:	be happy/happiness	8 . 20
價值	*jyàjr*	N:	value	12. 21
緣	*ywán*			15. 11
因爲…緣故	*yīnwei..ywángu*		because of (the reason), for the reason that...	15. 11
質	*jr̀*			12. 17
性質	*syìngjr̀*	N:	nature	12. 17

16 〔丶〕

澡	*dzǎu*			2 . 26
澡房	*dzǎufáng*	N:	bathroom	2 . 28

				L N
澡堂	*dzǎutáng*	N:	public bath house	2.27
洗澡	*syǐdzǎu*	VO:	take a bath	2.26
憐	*lyán*			4.21
可憐	*kěl yán*	V/SV:	have pity on.../be pitiful, pitiable	4.21
謀	*móu*			19.11
陰謀	*yīnmóu*	N/V:	an intrigue/to plot	19.11
謂	*wèi*			15.22
所謂	*swǒwèi*	N:	so called	15.22
糖	*táng*	N:	sugar, candy	6.8
白糖	*báitáng*	N:	cane-sugar	6.10
紅糖	*húngtáng*	N:	brown sugar	6.8
鄰	*lín*	BF:	neighbor	11.10
鄰居	*línjyū*	N:	neighbor	11.10

16 (一)

避	*bì*	V:	avoid, stay away from, hide	10.28
避難	*bìnàn*	VO:	run away from trouble, escape calamity	10.28
整	*jěng*	BF:	whole	9.23
整年	*jěngnyán*	TW:	whole year	9.23
整天	*jěngtyān*	TW:	whole day	9.23
整齊	*jěngchí*	SV:	be in good order, neat	10.22
醒(了)	*syǐng (le)*	V:	be awakened	6.22
叫醒	*jyàusyǐng*	RV:	awake	6.22
酒醒了	*jyǒu syǐngle*		recover from drunkenness	6.22
輸	*shū*	V:	lose (as in games or gambling)	6.25
擔	*dān*	V:	shoulder	13.22
擔負(責任)	*dānfu (dzéren)*	V:	bear (responsibility), to shoulder	13.22
機關	*jīgwān*	N:	organization	15.9

			L N
樹林子	*shùlíndz*	N : woods	9 . 22
樹枝	*shùjr̄*	N : twig, branch (of a tree)	11. 27
樹木	*shùmu*	N : trees	10. 12
歷下亭	*Lìsyàting*	PW : *Lìsyà* Pavilion (*Lìsyà* is an old name of *Jǐnán*)	10. 6

16〔丨〕

噸	*dwùn*	M : ton	16. 11
罵	*mà*	V : scold; curse	6 . 11
戰	*jàn*		18. 11
戰爭	*jànjēng*	N : war	18. 11
作戰	*dzwòjàn*	VO : fight (a war)	20. 32
第二次世界大戰	*Dìèrtsz̀ Shr̀jyedàjàn*	N : World War II	18. 11

16〔ノ〕

積	*jī*		19. 9
積極	*jīji*	SV : be positive, active	19. 9
學問	*sywéwen*	N : learning	9 . 27
學…知識來…作一件大事	*sywé…jr̄shr lai…dzwò yījyan dàshr̀*	to gain…knowledge in order to…engage in an important affair	13. 36
獨	*dú*	BF : alone	14. 36
獨立	*dúlì*	V : become independent, be independent	14. 36
衛	*wèi*	BF : protect	18. 32
保衛	*bǎuwèi*	V : protect, guard	18. 32

17〔丶〕

濕	*shr̄*	SV : be wet	7 . 11
濟南	*Jǐnán*	PW : (capital of *Shāndūng* Province)	10. 5
講究	*jyǎngjyou*	SV : be meticulous, be particular about	4 . 11
營	*yíng*	N/M : camp/battalion	20. 13
集中營	*jíjūngyíng*	N : concentration camp	20. 13

17 〔一〕

			L N
環	*hwán*		12. 12
環境	*hwánjing*	N: environment	12. 12
擊	*jī*		14. 34
攻擊	*gūnjī*	V: attack (synonym compound)	14. 34
聰	*tsūng*	BF: quick of apprehension	7. 1
聰明	*tsūngming*	SV: be clever, intelligent	7. 1
壓	*yā*	V: press down	14. 21
壓力	*yālì*	N: pressure	14. 21
壓迫	*yāpwò*	V/N: oppress/oppression	19. 19

17 〔丨〕

點	*dyǎn*	M: point, item	1. 20
虧	*kwēi*		6. 21
吃	*chīkwēi*	VO: suffer loss; "get stung"	6. 21
幸	*syìngkwēi*	A: fortunately	6. 21
獲	*hwò*	BF: obtain	20. 34
獲得	*hwòdé*	V: obtain	20. 34

17 〔ノ〕

總而言之	*dzǔngéryánjr̄*	Ph: to sum up, in one word	12. 18
績	*jī*		12. 24
成績	*chéngjī*	N: result, achievement	12. 24

18 & up 〔丶〕

灣	*wān*		20. 4
台灣	*Táiwān*	PW: Taiwan	20. 4
競	*jìng*	V: compete	12. 32
競爭	*jìngjēng*	V: compete (synonym compound)	12. 32
證	*jèng*	BF: proof	20. 31
保證	*bǎujèng*	V/N: guarantee/guaranty	20. 31
譯	*yì*		8. 11
翻譯	*fānyì*	V/N: translate/translation	8. 11

				L N
翻譯成	*fānyǐchéng*	RV:	translate into	8. 11
議	*yǐ*	BF:	discuss	11. 16
會議	*hwèiyǐ*	N:	meeting	17. 1
商議	*shāngyi*	V:	discuss, talk over (same as *shānglyang*)	11. 16
讀	*dú*	V:	read, study	11. 6
讀書	*dúshū*	VO:	study, read books (讀書 is used in wider areas than 念書, which is rather limited in the northern part of China)	11. 6
如何供得起他讀書	*rúhé gūngdechǐ ni dúshū*		how can (I) afford to support you to go to school	11. 9
變	*byàn*			15. 26
變局	*byànjyú*	N:	a vastly changing situation	15. 26
變化	*byǎnhwà*	N:	change	12. 31
改變	*gǎibyàn*	V:	change (synonym compound)	2. 16
糧	*lyáng*	BF:	food, provisions	17. 10
糧食	*lyángshr*	N:	food, provisions	17. 10

18 & up〔一〕

騙	*pyàn*	V:	cheat	20. 26
欺騙	*chīpyàn*	N/V:	cheat and take advantage of	20. 26
驗	*yàn*			9. 28
經驗	*jīngyàn*	N:	experience	9. 28
試驗	*shryàn*	V/N:	experiment	9. 28
麗	*lǐ*	BF:	beautiful	10. 4
美麗	*měilǐ*	SV:	beautiful	10. 4
轉	*jwǎn*	V:	turn	2. 15
轉過臉來	*jwǎngwo lyǎn lai*		turn one's face around (toward the speaker)	2. 15
轟	*hūng*			20. 23
轟炸	*hūngjà*	V:	bomb	20. 23

				L N
炮轟	*pàuhūng*	V	bombard (artillery)	20.23
韓	*Hán*			20.22
南韓	*Nánhán*	PW	South Korea	20.22
職	*jŕ*			12.5
職業	*jŕyè*	N	profession	12.5
難過	*nángwò*	SV	be sad	11.20
難怪	*nángwài*	A	no wonder (that)	3.7
聽指揮	*tīng jřhwēi*	VO	obey an order	9.13
擴	*kwò*	BF	extend	18.14
擴展	*kwòjǎn*	V	extend, expand	18.14
權	*chywán*	N	(political) power	13.25
政權	*jèngchywán*	N	political power, regime	13.25
礦	*kwàng*	N	mine	16.1
煤礦	*méikwàng*	N	coal mine	16.1

18 & up〔丨〕

黨	*dǎng*	N	political party	14.8
政黨	*jèngdǎng*	N	political party	19.7
共產黨	*Gùngchǎndǎng*	N	Communist Party	14.8
國民黨	*Gwómíndǎng*	N	Kuomintang (Nationalist Party)	14.9
獸	*shòu*	BF	beast	6.15
獸醫	*shòuyī*	N	veterinarian	6.15
關在	*gwāndzài*	V	lock (a person) up in..	
關於	*gwānyu*	CV	concerning, relate a to	15.1
顯	*syǎn*	V	appear	10.15
顯然	*syǎnrán*	SV/A	be obvious/obviously	17.20
顯得明明白白	*syǎnde mingming-báibai*	Ph	clearly appeared	10.15
明顯	*mínsyǎn*	SV	be obvious	10.15
蘭	*lán*			8.16
英格蘭	*Yīnggelán*	PW	England	8.16

				L N
驚	*jīng*	BF：	alarm, frighten	7.10
吃驚	*chr̄ jīng*	VO：	frightened	7.10
大吃一驚	*dàchr̄ yijīng*		be greatly frightened	7.10
勸	*chywàn*	V：	urge, advise	13.28
藍	*lán*	SV：	be blue	8.10
蘇俄	*Sūé*	N：	Soviet Russia	19.1

18 & up〔ノ〕

辭	*tsź*	N：	word, expression	1.13
辭人	*tszrén*	VO：	discharged personnel (the character is the same form as used for *tsz* word.	4.7
辭退	*tsztwèi*	V：	discharge, (辭 may be used alone to carry the same meaning, as in *Tāmen tszle wǒ le,* they discharged me.)	4.7
鏡子	*jìngdz*	N：	mirror	2.13
翻	*fān*	V：	turn over; translate	8.11
翻成	*fānchéng*	RV：	translate into	8.11
翻譯	*fānyì*	V/N：	translate/translation (synonym compound)	8.11
翻譯成	*fānyìchéng*	RV：	translate into	8.11
推翻	*twēifān*	V：	overthrow	19.27
贊	*dzàn*			9.26
贊成	*dzànchéng*	V：	approve	9.26
雙	*shwāng*	M：	a pair of	6.5
繼	*jì*			3.11
繼續	*jìsyù*	AV/A：	continue to/continuously (synonym compound)	3.11
續	*syù*			3.11
繼續	*jìsyù*	AV/A：	continue to/continuously (synonym compound)	3.11
斷斷續續	*dwàndwansyùsyu*	A：	stutteringly; intermittently	6.17

				L N
斷		*dwàn*		6.17
	斷了	*dwànle*	V: be broken (of something long as a stick)	6.17
	斷斷續續	*dwàndwansyùsyu*	A: stutteringly: intermittently, off and on	6.17
響		*syǎng*		14.12
	受⋯影響	*shòu...yǐng-syǎng*	VO: receive influence, be influunced by...	14.12

終

Summary Chart Characters Arranged by Lesson

和章凡初段代此免困辭示破須絕複面提減果
步暖彼啦倒敬服舒責任旁轉改變確吹似受罪
於野印象功至散繼續致幹痲煩啊求順訂若幸
永偶例劇秘被退米餓掛欠您待憐眼付亮班止
添累存良猜搶養指層頂跳殺媽豈碗命強盜鬼
狗牛磅聞況村雙腦性糖弄罵獸牀斷店醉虧醒
馬牌輸賭竟物聰遇猪使田罰驚濕暗窗泥毀洞
喊趕勝夢賀財官晴寸厚傘岸詩髮藍翻譯與傳
樂肯漸附它引途內農篇者旗志根揮豆尤其勞
陰弱林整感妻贊驗努麗副古廟木顯碰舞寬齊
竹詳細祖亂逃避朝餘招針供讀靠鄰居屋娘仍
議渴丢季陣雲透枝料般越造職態集環境選統
稱質之圓羣盡績達遊由競爭育依專益衆建設
歐倡擔治權勢範圍勸尾皇帝消評黨央響港批
敵壓義勇革守制抗攻擊獨榮偉享却慌緣充入
耳則周族估升即謂資格維持及展煤礦炸始閒
準增噸領導曾搬負務份調鼓製損效准隊敗排
糧食斤傷仗角元悔均紀律技術令序福策兵援
際戰區僅擴洲亞防侵署阻貧失修缺衛孫宣創
華積干涉謀終混階級迫恨乘密互支訓

王方宇
張一峰 合編

華文讀本 第三册

華文讀本　第三冊

目錄

第一課　說[1]話和看書

說的話是語言，寫的文[2]章也是語言。可是說的話跟寫的文章常常不一樣。凡[3]是念過書的人，拿起筆來寫文章的時候，總是和他自己說的話，不一樣。不但中國人寫中文是這樣，說英文的人，用英文寫文章也是這樣。用中文寫的文章，有的是文[4]言文，有的是白[5]話文。文言文是用文言寫的文章，白話文是用白話寫的。可是白話文和平常說的話，還是不完全一樣。

在中文的書報雜誌裏，有很多的句子，平常說話的時候不常說。一個外國學生初[6]學中文，在書上看見了一個句子，想在說話的時候用，常常用的不對。

初學中文的外國學生，很容易發現說的話跟寫的文章不一樣，可是沒法子知道文章裏的句子，那些是平常可以說的，那些是不可以說的。

初學中文的人，也能發現文言文和白話文不一樣，並且也看得出來，有時候在同[7]一段文章裏，也有文言，也有白話。文言文裏的句子，大[8]概現[9]代平常人不說。白話文裏的句子，有的可以說，有的也不可以說。因[10]此，初學中文的人，

難[11]免有兩個困[12]難：第一・看書的困難。他們看書的時候，常常看見有很多字或是辭[13]或是句子的用[14]法和說話時候的用法不一樣。表[15]示的意思也常常不一樣，所以看書，不容易懂。第二・說話的困難。他們從書報雜誌裏學的辭或是句子，想在說話的時候用，可是沒法子知道，那些辭或是句子可以不可以說。

這兩個困難，怎麼樣才能打[16]破呢？最要緊的是念書的時候，要隨時注意書裏的辭和句子，有那些是在學說話的時候學過的，那些是沒學過的。學過的，當然都是可以說的。沒學過的，就必[17]須問清楚是不是能說。要是不問，有沒有法子知道那些辭和句子是可以說的呢？也許沒有絕[18]對的辦法。

寫出來的文章和說的話怎麼不一樣呢？這個問題非常複[19]雜。很不容易說。大概的說，文章裏用的辭，有些比說話時候用的辭短一點兒。平常說「明天晚上」，寫的時候可以寫「明晚」。「時候」可以只寫「時」。這種短的辭，說話的時候，不常用。

除了辭以外，文章裏的句子，是不是能在說國語的時候說，可以注意下[20]面兩點：

第一・文章裏的句子，要是沒用「的」、「呢」、「嗎」、「了」、這類的字，可是用了很多文言文裏常用的字，大概那個句子就不是平常說話時候常用的話。

第二・白話文裏常常有很長的句子，這種長句子，也是說話的時候，比較少用的。

上面所說的，當然不是絕對的，也不完全。不過是把問題提[21]出來，希望初學中文的學生，在念中文書的時候，特別注意。凡是學念中文書也學說中國話的學生，都必須注意有那些辭和句子，只是寫文章的時候用；有那些辭和句子，在說話的時候也可以用。這樣，念書的時候，可以懂得更淸楚，說話說錯了的時候可以減[22]少。結[23]果，一定容易進[24]步。

第二課　留學生 (1)

語言是奇怪的東西，拿[1]種類來說，可以說一個人有一種語言。有的人，他常用一些字，但是那些字的用法，完全是他自己的。要是你不明白那個人，你絕對不能明白他用的那幾個字是什麼意思。所以我們對語言的希望，不必太高。

我認識毛先生，是三年以前的事。我初次見他的情形，我還記得很清楚。因爲我不懂他的話，所以特別注意他。我不懂他的話，可不是因爲他不會說國語。他的國語，說的很清楚，可是我不懂他的話是什麼意思。

我記得那是秋天，天氣很暖[2]和，樹葉子剛有些黃的，我決定到城外頭的北方大學去看看老張。

到了，我在樓下叫門，老張下來開開門，我們兩個人一塊兒說：「天氣眞好。」

屋子裏還有一個人，我不認識。

我正要問貴姓，老張就給我介紹說：「這位是毛[3]博士。」我們彼[4]此笑了笑，我就坐下啦[5]。毛博士站在那兒沒動，老張倒[6]很不客氣的先坐下啦。我心裏想，要不是他們兩個人很熟，就是老張不大敬[7]重這位博士。

我一邊兒跟老張談話，一邊兒看這位博士。這個人有點兒特別。他穿着西[8]服，可是看着很不自[9]然，很不舒[10]服。好像他穿西服是一種責[11]任。

他老看門旁[12]邊兒那個鏡[13]子。他在那兒照[14]鏡子玩兒呢。照得非常有興趣。他好像沒注意聽我們說甚麼。可是又不願意離開我們。好像心裏覺得非常沒意思，因爲覺得沒意思，所以特別注意他自已。

我不記得我們正說甚麼呢，他忽然轉[15]過臉來，好像要從心裏找點兒甚麼，剛要笑，又改[16]變計劃了。結果沒笑。大概是表示他並[17]沒在心裏找到甚麼。也許他心裏甚麼都沒有。

「怎麼樣？博士？」聽老張話裏的意思的[18]確是對這位博士有點兒不敬重。可是博士好像沒覺出來。他吹[19]了一口氣，好[20]像天氣很熱似的。

「人[21]生太苦啦。」說着就坐下啦。

老張又說：「美國的博士，受[22]這洋罪。」

「眞的。」博士的聲音表示他很不舒服。

「眞的！一個人不應該受這個罪。沒有女朋友，沒有電影看。」他好像再也想不起來他還需要甚麼。[23]於是說了一句：「甚麼也沒有。」

「要是在美國？」老張跟他[24]開玩笑。

「眞的。連上海也比這兒好。電影是好的，女朋友是多的。」博士說。

除了女人和電影，他心裏好像沒有甚麼了。我說：「毛博士，這兒的戲很好，可以去看看。」

他過了半天才說：「聽外國朋友說，中國戲很野[25]蠻。」

我們都沒話說了。我有點兒不高興。於是我說：「我們去洗[26]澡去吧，城裏頭新開了一個[27]澡堂，聽說很不錯。」

博士說：「危險。」

我又不懂了。我常在澡堂洗澡，到現在還沒死過一回呢。

毛博士說：「美國每家都有[28]澡房。要洗『[29]花』一[30]放水；涼的，熱的，隨便。要換水，『花』把用過的水放了，再來乾淨的。『花花花』。」他說得很高興。每一個『花』字都帶出一些[31]口水來，跟美國的[32]自來水一樣。最後說了一句：「中國人

不乾淨。」

博士先走出屋子去說：「再見」。說得非常難聽，好像要哭。他不願意離開我們，可是他又不能上中國的澡堂去洗澡，無論澡堂是多麼乾淨。

第三課 留學生 (2)

毛博士給我的印[1]象不太好，他不像中國人，也不像外國人。我願意多明白一點兒，可是我不希望老張幫忙。我願意自己把他看清楚了。不久我就得到了個機會。老張讓我給他代[2]課。

我可以用老張的屋子。我並不在那兒睡，可是在那兒休息和預備功[3]課。

過了兩天我覺出來，我並不能在那兒休息和預備功課。我一到，毛博士就像毛[4]兒似的飛來了。

過了幾天的工夫，我明白些他的語言了。他有這樣一個好處。他能不管別人懂不懂他的意思。他[5]說他的，懂不懂是聽的人的事情。跟他談話，我得想着，我是一個留[6]聲機。他也是一個留聲機。說了就完了，不用管明白不明白。怪[7]不得老張老跟他開玩笑呢。誰能跟留聲機交[8]朋友呢？

不管他怎麼樣，我總想至[9]少青年人不應當這麼苦。所以我還願意跟他談談。我自然不敢再提洗澡和聽戲了。散散[10]步應當可以吧！

「怎麼能一個人散步呢？」

「一個人怎麼就不能散步呢？」我問。

「一個人去走？」他要生氣。

「那麼我跟你一塊兒去。」

「你不是女人。」

我這才明白。

過了半天，他繼續[11]又說了一句：「中國人不乾淨，街上沒法子走。」

「那麼，找朋友到飯館兒去吃吃飯，打打球，看點兒小說兒[12]，寫寫字。」

他的回答倒都一致[13]。沒有女人，什麼都不能幹[14]。

「那麼找女人去好了。那不是甚麼難事。」

「可是那也不得了[15]。」

我又不懂了。

「你得給他買東西吧？你得請他看電影吧？你得請他吃飯吧？」

我心裏說：「我管不着。」

他繼續說：「自然得買，自然得請。這是美國辦法。雖然痲煩[16]，可是一定得

這樣辦。可是中國人窮啊[17]！我，美國的博士，一個月才拿二百塊錢。我得要求[18]加[19]錢。要是花[20]了這些錢，就很順[21]當的訂[22]婚結婚了，也還算好。若[23]是花了很多錢買東西，請看電影，他不要你呢？錢不是白[24]花了嗎？美國常有這樣兒的事。你看……」

我等了半天，他也沒往下說。大概是讓中國給氣[25]壞了。把要說的話忘了。我對這個人沒有辦法。

老張回來以前，我天天聽到的是美國的辦法，中國的野蠻。上海還好一點兒，不[26]幸上海還有很多中國人。上海有很多可怕的事情，都是因爲有中國人。他心裏想的中國人跟美國電影裏的中國人完全一樣。他老說：「你永[27]遠得用美國精神作事。」一提到美國的時候，他偶[28]然笑一笑。可是甚麼是美國精神呢？他不能用簡單的話告訴我。他得慢慢的說實在的事情。例[29]如：家裏必須有澡房，出門必須坐汽車，甚麼地方都有電影院，男人都有女朋友，冬天屋子裏的溫度永遠在七十度以上，女人好看等[30]等。我把這些事放在一塊兒，還是不大明白美國精神。

第四課　日出 (1)

這是話[1]劇日出裏的一段。這段話劇裏的人有：

李[2]石清　銀行的秘書[3]，四十二歲。

黃[4]省三　銀行小書記[5]。已經被[6]辭[7]退了。

潘[8]月亭　銀行經理[9]。五十四歲。

張[10]喬治　留學生。三十一歲。

在一個旅館裏。很講[11]究的一間屋子。這間屋子的主[12]人，有很多有錢的朋友，常常隨便到他屋子裏來，李，潘，張都是他的朋友。黃很窮，當然不是。

黃被辭以後，沒有事情作。沒錢買米[13]，家裏的三個孩子餓[14]得又哭又叫・他太太受[15]不了這樣的苦，跟別人跑了。他又有病，沒法子，所以常找李石清請他跟潘經理說說，叫他再回銀行去作事。這次他找到旅館來了。他進來的時候，李石清打電話，剛要打完。

李　是，是。好，好。我告訴經理，再見，再見。(把電話掛[16]上了)(黃進來)・

黃　(很害怕的樣子，慢慢的)李……李先生。

李　怎麼？是你？又是你。誰叫你到這兒來找我的？

黃　李先生，我家裏孩子大人都沒有飯吃。

李　你到這兒來就有飯吃了嗎？

黃　我把能賣的都賣乾淨了。欠[17]別人的錢，他們非要不可。我實在沒有法子，要不然，我決不敢到這兒來厤煩[18]您。

李　你爲甚麼老找我？我欠你的錢嗎？我走到那兒，你跟到那兒，這算[19]怎麼回事？

黃　我是沒法子，李先生。我一個月在銀行才拿十三塊錢，您辭了我以後，我到那兒去找事去？銀行不要我，簡直的是不叫我活着。

李　這麼說，銀行就不能辭人啦。

黃　不，不，不是，李先生，我：：我知道銀行待[20]我不錯。可是您沒看見我那些孩子。銀行辭了我，我沒有錢，沒有米，可[21]憐他們都餓得又哭又叫。把眼[22]都哭紅了。並且房錢有一個半月沒付[23]，我們立刻就要沒有房子住了。李先生，您沒看見我那些孩子，我實在沒有路走，我只好對着他們哭。

李　可是誰叫你有那麼多孩子呢？

黃　李先生，我在銀行沒作過一件錯事。我總是天亮[24]就去上[25]班，夜晚才回家，我一天幹到晚，李先生……

李　別說了。我知道你是好人，可是你不知道現在銀行的情形不能不辭人嗎？我跟你說過不[26]止一次了。

黃　可是銀行又添[27]了新人了。

李　那你管不着。我想你作了這麼多年的事，這點兒事，還不明白嗎？

黃　我明白。可是，李先生，我求求您，我求您跟經理說說，只求他[28]老人家再讓我回去作事，就是再累[29]一點兒，再加一點兒工作，就[30]是累死我，我也願意。

李　你這個人眞麻煩，經理有工夫管你這樣兒的事嗎？你們這樣兒的人，都有這點兒毛[31]病，總把自己看得太要緊。換[32]一句話說，就是太[33]自私・你想經理這樣兒忙，能有工夫管你這樣小的事麼？不過，奇怪，你幹了三四年，一點兒錢都沒存下嗎？

黃　存[34]下錢？一個月十三塊錢，怎麼存？

李　我的意思是在別的地方，你沒得點兒好處嗎？我是說，你沒從紙、筆、用的東西上，找出一點兒好處來嗎？

黃　沒有。絕對沒有。天[35]理良心，我絕對沒作過那樣兒的事。

李　你這個人，這時候還講良心。怪不得你現在這麼可憐了。好吧，你走吧。有機會再說，現在是一點兒辦法都沒有。並且我告訴你，以後要是你老這麼麻煩我，我就不跟你這麼客氣了。

第五課 日出 (2)

黃 (要走，往外走了兩步，忽然又回來)可是，您叫我到那兒去？

李 你願意上那兒去就上那兒去吧。我跟你說，我不是不願意幫忙，可是我不能開[1]這個例。

黃 我沒想別的，我就希望找點兒事情作。

李 (想了想)事情很多，就看你願意作不願意作啦。

黃 (有一點兒希望)眞的？

李 第一，你可以去拉[2]洋車去。

黃 我拉[3]不動。您知道我有病。

李 那麼你可以到別人家裏去……

黃 (小聲)您說叫我去偷啊！

李 對，你猜[4]的很對。你大聲說出來怕甚麼？偷！偷！這爲甚麼不能作？有錢的人的錢，不都是從別人手裏搶[5]來的嗎？你怎麼不能偷？

黃 可是，我怕，我不敢。

李　那你叫我怎麽辦？叫你拉洋車，你拉不動，叫你偷，你又不敢。你心裏就有天理良心。天理良心養[6]不了家。你這個人簡直一點兒用都沒有。我告訴你這個世界不是爲你預備的。（停了停，用手指[7]着外頭）你看見外頭那所高樓了嗎？有十三層[8]，我看你走這條路最好。

黃　怎麽走，李先生？

李　我告訴你，你一層一層的上去。到了頂[9]高的地方，站在邊兒上。只要再往前多走一步。那時候，你也許有點兒心跳[10]，但是只要過一會兒，你就再也不可憐了，也不苦了。

黃　（聲音很小）李先生，您說我頂好跳樓[11]自殺？（忽然大聲）不！我不能死。我得活着，我得爲我的孩子活着。我得爲我沒有媽[12]的孩子活着。您得幫幫我，我不能死．活着再苦，我也不能死。

（左邊門開開了，裏頭有笑的聲音。潘經理進來）

潘　啊[13]！

李　經理！

潘 石清，這是誰？他是幹甚麼的？

黃 經理，我姓黃，我是銀行的書記。

李 他是已經被辭退的書記。

潘 你怎麼跑到這兒來了？（對李）是誰叫他進來的？

李 不知道他是怎麼找進來的。

黃 （走到潘面前）[14]經理，我求求您，我家裏有三個孩子，我不能沒事作。您得叫我活[15]下去。

潘 豈[16]有此理！怎麼跑到這兒來找我求事？去！

黃 可是經理！

李 走！走！走！（推他）你要是再這樣麻煩，我就叫人把你打出去。

潘 去！去！去！眞豈有此理。

黃 好，你們不用打我。（用手指潘）你！（用手指李）你！你們不讓我再活下去啦。（又哭又笑）你們一個月不過給我十三塊錢。你看我！一個快死的病人。這樣求你們，再給我一碗[17]飯吃。把我這不值錢的命[18]，再換幾個十三塊錢

。我不是白拿你們的錢，我是拿命跟你們換。（苦笑）並且我也拿不了幾個十三塊錢了。你們眞沒良心。你們這樣待我，是賊，是强[19]盜，是鬼[20]！

潘　你[21]這東西！還不出去。

黃　（哭着）我現在不怕你們啦。（過去拉潘）我非[22]要殺⋯

潘　（打黃，黃倒[23]在地下）甚麼？

李　他說他要殺他自己⋯⋯他這樣人是不會殺別人的。

潘　把他拉下去。

（有人來把黃拉出去，張喬治出來。）

張　（很高興，手裏拿着烟）所以我說在中國活着不容易，不必說別的，連我的Jacky⋯⋯就是我從美國帶來的那條洋狗[24]，他吃[25]牛肉都成了我每天的大問題。中國的牛肉不乾淨。沒有養[26]分，五毛錢一磅的牛肉，簡直不能吃，你看每天四磅[27]生[28]牛肉，放在他面前，他聞[29]聞，就走了。你們想想，連狗在中國都這樣受罪，何[30]況人呢！又何況是我們這樣的人。

第六課　差不多先生

你知道中國最有名的人是誰？提[1]起此人，人人都知道。他姓差，名子叫不多，是各省各縣[2]各村人。你一定見過他，一定聽見別人談過他。因爲他是中國全國人的代[3]表。

差不多先生長[4]的和你和我都差不多。他有一雙[5]眼，但是看得不很清楚。他的腦[6]子也不小，但是他的記[7]性不很好。他常常說：「凡事要是差不多就行了。」

他小的時候他媽叫他去買紅糖[8]，他弄[9]錯了，買了白[10]糖回來。他媽罵[11]他，他說：「紅糖，白糖不是差不多嗎？」

他在學校的時，候先生問他：「河[12]北省的西邊是那一省？」他說是山[13]東。先生說：「錯了，是山[14]西，不是山東。」他說：「山西跟山東不是差不多嗎？」

後來他在一個銀行裏作事。他常常把十字寫成千字，千字寫成十字。銀行的經理很生氣，常常罵他。他說：「千字跟十字不是差不多嗎？」

有一天他忽然病了，就叫家裏的人去請東街的王大夫。可是那個人找不着王大夫，就把西街的獸[15]醫黃大夫請來了。差不多先生病在牀[16]上，知道請錯了大夫

，可是心裏想：「王大夫跟黃大夫也差不多，讓他試試吧。」這位獸醫給差不多先生看病。不到一個鐘頭差不多先生就死了。

差不多先生差不多快死的時候，口裏斷[17]斷續續的說：「活人同死人也差…差…差…不多。凡事只要差…差…不多…就…好了，…」他說完了這句話就死了。

新生活

那樣的生活可以是新生活呢？

新生活就是有意思的生活。有意思的生活是甚麼樣子的生活呢？讓我來說兩個例子。

前天你沒有事作，跑到街上一個小酒[18]店裏，要了四[19]兩酒，喝完了又添了四兩，喝[20]得大醉。後來你看見了張大哥，說了一會兒話，差不多要跟他打起來了。李四哥來把你們拉開。你很生氣，又要了四兩酒，喝得甚麼都不知道。幸[21]虧李四哥把你送回家去睡了。昨天早上你酒[22]醒了。你太太把前天的事告訴你。你自

己覺得很不對，馬[23]上到張大哥家去，說了很多「對不起」。正談着話呢，李四哥來了，王三哥也來了。他們要你跟他們打[24]牌。你坐下來跟他們打了三個鐘頭的牌，輸[25]了十多塊錢。回家以後你太太就怪你不應該賭[26]錢。你也覺得很不對。

像這樣的生活是沒有意思的生活。要是你想一想：「我爲甚麼要這樣幹呢？」你自己也回答不出來究[27]竟爲甚麼。

凡是自己說不出「爲甚麼這樣作」的生活都是沒有意思的生活。

人同別的動物不一樣是因爲人要問「爲甚麼」，別的動物不問「爲甚麼」。你到動[28]物園裏去看那些動物，一天到晚走來走去，那就是沒有意思的生活。我們不應該學那些動物的生活。一個人作的事應該每一件事都回答得出來一個「爲甚麼」。我爲甚麼要幹這個？爲甚麼要幹那個？回答得出來才可算是一個人的生活。

第七課　聰明人[1]

有一個人老是跟人說他很苦。有一天他遇[2]見一個聰明人。

「先生！」他哭着說：「我[3]過的簡直不是人的生活。主人一天就給我一碗飯，吃的東西又不好，連猪[4]狗都不愛吃，而且只有一點兒。……」

「這實在使[5]人可憐。」聰明人說。

「可不是嗎？」他高興了。「一天到晚作[6]工，連一點兒休息都沒有。天沒亮就起來，作飯，洗衣服，收拾屋子，還得種[7]田。有時主人不高興還得受[8]罰……」

「眞可憐……」聰明人很同情，眼有點兒紅，好像快哭了。

「先生，我不能這樣活下去。我得另外想法子。可是有甚麼法子呢？……」

「我想你將來一定會好一點兒。……」

「是嗎？我也希望會好一點兒。我把我的苦對你說了以後，又得[9]着你的同情，心裏已經覺得舒服多了。……」

但是過了幾天他又跟人去說他很苦。

「先生！」他哭着說：「你知道，我住的地方簡直比猪住的地方還壞。主人對

他的狗比對我好幾萬倍。…」

「眞的嗎？」那人大叫起來，使他吃[10]驚了。那個人很年青，他不是一個聰明人。

「先生，我住的只是一間很破的小屋子，又濕[11]又暗[12]，四面連一個窗[13]子都沒有。……」

「你爲甚麼不叫你主人開一個窗子呢？」

「這怎麼行？……」

「那麼，你帶我去看去。」

他們到了屋子外頭，那個青年就用手推泥[14]牆。

「先生，你幹甚麼？」他大驚的說。

「我給你打開一個窗子。」

「那不行，主人要罵我！」

「別管他！」他還推。

「你們快來！強盜在[15]毀[16]我們的房子了！快來！晚一點兒要打[17]出洞來了！……」

他哭喊[18]着。

很多人都出來了，把那個青年趕[19]走。

聽見了喊聲，慢慢的，最後出來的是主人。

「有強盜要來毀我們的房子，我第一個喊起來，大家一塊兒把他趕走了。」他勝[20]利的說。

「你不錯。」主人這樣說。

這一天許多人都來看他，聰明人也來了。

「先生，這次因爲我作事作得好，主人說我不錯。你從前說我將來會好一點兒，你說得眞對。……」他很有希望似的，高興的說。

「可不是嗎？……」聰明人也替他高興似的回答他。

作[21]文

我夢[22]見自己正在小學校的課堂上預備作文，問先生作文的法子。

「難，」先生看着我說：「我告訴你一件事：——有一家生了一個男孩子，大

家都十[23]分高興。很多人來看孩子，都說了幾句賀[24]喜的話。

「有一個人說：『這個孩子將來一定要發[25]財。』主人就謝謝他。

「一個人說：『這個孩子將來要作[26]官。』主人也謝了他。

「一個人說：『這孩子將來要死。』大家聽了很生氣，就打他，把他趕走了。

「說要死的那個人說的是眞話，說要發財，作官的人說的是假[27]話。說假話的人得着人的謝謝，說眞話的被人給打了。你……」

「我不願意說假話，也不願意被人打，那麼，先生，我得怎麼說呢？」

「那麼，你得說：『啊！這個孩子！你看！多麼……啊！哈[28]哈，哈哈……』」

第八課　給弟弟們的一封信

弟弟們：

這裏[1]一天一天的下着秋雨，好像永遠沒有晴[2]的日子。樹上落下來的葉子，紅的，黃的，差不多有一寸[3]厚[4]。湖邊是不常去的了，可是還是一天一次。很長很靜的路上，自己走着，聽着雨打在傘[5]上的聲音，連自己也不知道，這樣一個人走來走去有甚麼目的。走到了，石頭上，草地上，都是濕的，沒有坐的地方，只能站一會兒。湖水白極了，四邊兒湖岸[6]上的樹都看不太清楚，湖的大小也看不出來。

回來已經是晚上，開了燈，看中國詩[7]和剛從中國寄來的報紙。看久了，忘了自己還在外國。聽見門外有人，就用中國話說了一句「請進」，回[8]頭一看，是一個金[9]髮藍[10]眼的女孩子，自己也笑了。

前幾天早上念了一段英文詩，翻[11]譯成中文，題目是「我在不相[12]識的人中[13]間旅行」：

直[14]至到了海[15]外

[16]在不相識的人中間旅行
英格蘭！我才知道我付[17]與你的·
是何[18]等樣的愛

I Travelled Among Unknown Men

I travelled among unknown men,
In land beyond the sea;
Nor, England, did I know till then
What love I bore to thee.

想起北平城裏此時街上正聽着賣水果的聲音呢。晚上秋風中聽此，覺得很不舒服。有一次好像是星期日的下午，你們都出去玩兒去了。我一個人在家裏。秋風中傳[19]來賣水果的聲音，覺得很沒有意思。忽然你們的說話聲也從牆外傳來，使我立刻覺得高興。那時起，我知道你們是我的快[20]樂。那個時候我沒有告訴你們，今天又想起來。這裏雖沒有賣水果聲，但窗外又是風又是雨。可是誰來使我快樂呢？一天兩次下樓到門外頭去等信，可是連一封信也沒有。失[21]望的走上樓來。不止一次了！雖然知道，萬里路，不能天天有信，但是這兩次還是不[22]

肯不走。

夜漸[23]長了，正是念書的好時候。我們雖然離得這麼遠，希望你們和我一樣，晚飯後有一定的時間念書。回家以後千[24]萬常跟母親在一塊兒。這種機會是很難得着的。你們不知道，海外的姐姐是怎麼樣想有這樣的機會呢。平常在家裏，夜裏寫字看書，從[25]來不注意時間。反正到了休息的時候，母親會來告訴我。放下筆，一笑，覺得快樂極了。現在到了應該休息的時候，只能自己收拾收拾去睡覺。

院子裏的花都開了吧？今年開得多不多？這兒附[26]近除了一些小黃花以外，找不着別的花。這些小黃花都還沒開呢。我把它[27]放在書桌上。總不開花，總是希望，常常引[28]起我的快樂。

不多寫了，願你們都好。

大姐

十，二十四夜，一九二三

要是你們願意，請把這封信給我們的小[29]朋友看看。

到美國來途[30]中的事情還沒寫完，一[31]兩天內恐不能寄。

第九課　農[1]村日[2]記

這三篇[3]日記的作[4]者是上海農[5]業大學畢業的。那次畢業的學生很多，畢業後都被派到農村去參加工[6]作。他被派到紅[7]旗農[8]業社去了。

十一月八日　晴

今天是我們到農業社來參加工作的第二天。吃完了早飯幾位老同[9]志帶我們到田裏去除[10]草。這是我們到農業社以後第一天作工。到了田裏後，老同志告訴我們：除草的時候要很小心的除[11]去每一根[12]草。講完後又自己作了一會兒，讓我們看。

這個工作看起來很容易，可是我們的手總不聽[13]指揮。有時候不小心把田裏豆[14]子給弄斷了。尤[15]其是幾位女同志們，工作了一會兒手就痛了，可是她[16]們並沒向困難低頭。手痛了，用布把手包起來，繼續的工作。那時我才了[17]解農人的苦；才了解我們知[18]識分子只有經過勞[19]動才能把自己變成一個勞動人民的知識分子。

十一月十一日　陰[20]

昨天因爲下雨，不能到田裏去工作。在社裏沒有事情，我就換了幾件衣服去洗，沒想到着了涼，身體發燒。雖然吃了一點兒藥，覺得好一點兒，但是身體還是很弱[21]。

早上起來後聽老同志說，今天大家到樹[22]林子裏去工作。我忽然忘了有病，也要跟着去。他們說：「樹林子裏整[23]年沒有太陽，地又濕又冷，你的身體很弱，恐怕不行。」他們對我這樣好，使我非常感[24]謝，所以只好不去，可是後來還是偷偷的去了。

十一月十六日　雨

今天接着妻[25]的來信說，下午她要來看我。我還記得我剛決定要到農村來的時候，怕她不贊[26]成，所以不敢告訴她。沒想到她知道後很贊成，並且送我到農業社來。她走的時候說：「你的學[27]問雖然很不錯，但是沒有經[28]驗。希望你在這兒能學一點兒東西，把你自己變成一個又有學問又有經驗的新式農人」。並且說

：「希望你努力[29]，希望你勝利。」妻的話對我是一個很大的幫助。每天我勞動得很累的時候，當[30]我早上在牀上睡着不願意起來的時候，一想起妻的話，立刻就有精神。

下午妻來了。一看見我就問我的工作情形怎麼樣，生活苦不苦。我要她到社裏去問。當她聽說我工作得很努力的時候，高興得不得了。她問我需要甚麼農業雜誌，她可以到城裏去替我買。並且很高興的說：「從前我們在城裏住的時候，星期六和星期日，不是看電影就是聽戲，要不然就是打牌，生活很沒有意思。現在你每天忙着作工，生活比從前一定有意思多了。」

第十課　大明湖[1]

老[2]殘動[3]身上車，一路上都是秋山紅葉，非常美[4]麗。到了濟[5]南，進城一看，到處有水，到處有樹，跟南方的風景比起來，覺得更是有意思。

找了一個旅館，把行李拿下來，給了車錢，隨便吃了點兒晚飯，就睡了。

第二天早上起來，出去隨便走走。下午走到湖邊上，找了一隻小船，往北走了不遠，就到了歷[6]下亭。船停了，下船進去，看見亭子已經舊了。有一[7]副對[8]子寫着：

歷下此亭古[9]
濟南名[10]士多

亭子旁邊雖有幾間屋子，但也沒甚麼意思。

又上了船，往西走不太遠，到一個地方，有一個廟[11]。下船，往南一看，看見前頭山上，有紅色的房子，綠色的樹[12]木，有的高，有的低。有的樹上還有紅葉，眞像是幾十里長的一張大畫。

正在看風景，忽然聽見打[13]魚的在船上唱歌兒。低頭一看，看見大明湖的湖水

，非常乾淨。山上的影子[14]照在湖裏，顯[15]得明明白白。特別是那山上的房子和樹，比眞的還好看，還淸楚。

老殘心裏想：「這麼好的風景爲甚麼沒有人來玩兒？」玩了一會兒，轉過臉來看見大門兩邊兒有一副對子，是寫那個地方的風景。老殘看完了，心裏想：「眞不錯。」一進了大門，看了看，又上了船，回到歷下亭的後面。船在花當中走，走得很慢。偶然有鳥兒從花裏飛出來；也偶然有花碰[16]在臉上。走了不久就回到上船的地方了。

桃[17]花源記[18]

很久很久以前，有一個打魚的。有一天他坐着小船，在一條小河裏往上走。隨便走了一會兒，也忘了走了有多遠了。忽然走進了一個桃花林子。河的兩岸都是桃樹。草地上有不少從樹上落下來的桃花。有的花兒讓風吹得在[19]空中飛[20]舞，很香，很美。那個打魚的覺得很奇怪。他坐着船繼續往前走，想要把樹林子走完。他走了很久，最後把樹林子走完了，河也沒有了，可是在那個地方發現

了一個山。山底下有一個洞，洞裏好像有光。他就下了船，從洞口兒往裏走。那個洞，剛進去的地方很小，就能走進一個人去。又走了幾十步，把洞走完了。忽然看見外頭有一塊很寬[21]的平地，還有很整[22]齊的房子跟田，有樹，有竹[23]子，風景很好。院子裏有雞，有狗。人們走來走去的在田裏種田。他們穿的衣服跟外頭的人一樣，並且看着好像都很快樂。

他們看見那個打魚的來了，大吃一驚。問他是怎麼來的。他就詳[24]詳細細的告訴他們。他們就請他到家裏去，買酒殺雞，請他吃飯。村子裏的人聽說有這樣一個人來了，都來看他。打魚的問他們是甚麼時候到那裏去的。他們說，他們的祖[25]先在五六百年以前，大[26]亂的時候，逃[27]到這個地方來避[28]難。後來就一直沒出去過。他們不知道外頭已經換了好幾個朝[29]代了。

其[30]餘的人也都請打魚的到他們家裏去，預備酒飯招[31]待他。住了幾天，那個打魚的打算回去了。村子裏的人請他別把那個地方的事情告訴別人。

這個人出去以後，找到了他的船，就按着原來的路回去。一路上作了很多記[32]號，爲的是再來的時候好找。他進了城，去見城裏頭的官，告訴那個官有這樣

的地方。那個官派人跟他去找。可是，不知道爲甚麼，他作的記號都沒有了。
那條路也找不着了。後來沒有人再到那個地方去過。

第十一課　王冕[1]的少年[2]時代

古時候有一個有名的畫家[3]，姓王名子叫冕。住在鄉村裏。他七歲的時候，父親死了。母親給人作[4]針線，得一點兒錢，供[5]給他讀[6]書。

過了三年，王冕十歲了，母親把他叫到面前來說：「兒啊！我不是不願意供給你上學讀書，是因爲你父親死了，這兩年田裏收[7]成不好，東西又貴，家裏幾件舊衣服和舊東西，也都賣了。只靠[8]我給人作些針線，如[9]何供得起你讀書？現在沒法子，你得出去作事。我們的鄰[10]居，秦[11]家想雇[12]一個人，給他們放[13]牛，要是你去，每月可以得些錢，你又可以有飯吃。我已經跟他們說定了，明天你就得去了。」王冕說：「娘[14]說的很對。我讀書的時候心裏也有時候不痛快。不如去放牛，倒有意思。如果我要讀書，仍[15]舊可以帶幾本書去讀。」

他們商[16]議定了。第二天母親帶他到鄰居秦老先生的家裏。秦老先生留他們吃了早飯，拉出一條牛來，交給王冕，指着門外頭說：「在我大門外頭，過去不遠，有一個湖，湖邊兒上有綠草，有很多人在那個地方放牛。那兒有很多大樹，樹底下很涼快。牛要是渴[17]了，就叫它在湖邊兒上喝水。你就在附近玩兒，別

到遠地方去，我每天給你飯吃，每天早上給你一點兒錢買點心吃。你一切小心一點兒。」他母親謝了謝，要回家去，王冕送出門來，母親替他拉了拉衣服說：「你在這兒一切多留點兒神，別把牛放丟[18]了。別叫別人說不好。」王冕答[19]應着，母親心裏很難[20]過，沒再說甚麼，就走了。

王冕天天在秦家放牛，晚上回家，在家裏住。有時候秦家作些好吃的東西給他吃，他就拿[21]荷葉包起來，拿回家來給母親吃。每天的點心錢他也不花，也不買東西吃，存一兩個月，就去買幾本舊書，放牛的時候，就坐在樹底下看。這樣又過了三四年，王冕看書看得心裏也都明白了。

有一天，正是夏[22]季，天氣很熱。王冕在湖邊兒綠草地上坐着。不大的工夫，天陰了，下了一[23]陣大雨，大雨過去，天上黑雲邊兒上有白雲[24]，過了一會兒黑雲白雲都漸漸沒有了。太陽光慢慢的透[25]出來了。照[26]得滿湖都是紅的。湖邊兒上的山，一塊青，一塊紅，一塊綠，樹[27]枝都跟水洗過一樣。尤其綠得可愛。湖裏有十幾枝[28]荷[29]花，荷葉上的水[30]珠，走來走去。王冕看了心裏想：「這個風景眞是不錯，可惜，這裏沒有畫家。要是能把這些荷花畫下來，一定很有趣。」心裏又

想：「世界上怎麼能有學不會的事？我爲甚麼不自己畫呢？」後來，他存的錢，不買書了。他請人到城裏去買些顏料[31]，學畫荷花。畫到三個月以後，他畫的荷花，精神，顏色，都像[32]眞的一般，就是後面有一張紙，要不然，就跟湖裏的一樣。鄉村人看見荷花畫得好，也有拿錢來買的。王冕得了錢，買些好東西，給他母親。後來很多人都知道他畫荷花畫得好，都到他家來買。買的人越[33]來越多。到了十七八歲，就不在秦家放牛了。每天畫畫畫兒，讀讀書。後來王冕就成了有名的畫家了。

第十二課　敬[1]業與樂[2]業

今天我講的題目是「敬業與樂業」。這個題目是我把中國古書上的幾句話改了改，我自己[3]造了這樣一個題目。我相[4]信，「敬業樂業」，這四個字是人類生活最要緊的道理。

當然這個題目說的是「業」。「業」就是[5]職業。人對職業應該有甚麼態[6]度呢？應該「敬」，應該「樂」。

第一，要「敬業」。「敬」字是作人最簡單最容易的道理。凡作一件事，就把[7]那件事當正[8]經事作。把所有的精神，集[9]中在這件事上，不想別的，就是「敬業」。職業有甚麼可「敬」呢？爲甚麼應該「敬」呢？人類一[10]方面爲[11]生活而勞動，一方面也是爲勞動而生活。無論是誰，都應該按着他自己的能[12]力跟環[13]境選[14]定一件事去作。凡是一件事，都是可敬的。作大[15]總統是一件事，拉車也是一件事。事情的名[16]稱，從平常人眼裏看，有高低的不同，但是事情的性[17]質，並沒有高低。作大總統的相信他自己可以作大總統才去作。把大總統當作一件正經事作。拉車的人，相信他自己可以拉車才去拉。把拉車當作一件正經事作，就是作人作事最

好的態度。所以凡是職業沒有不可敬的。所以我們覺得職業沒有高低的不同。總[18]而言之，人生在世界上，是要天天工作的，那麼應該作那一種工作呢？那要看能力怎麼樣，環境怎麼樣。只要把工作作得圓[19]滿，那就是世界上第[20]一等人。怎麼樣才能把工作作得圓滿呢？最要緊的就是要有「敬」的態度，「敬」是從心裏發出來的。凡作一件事，就把這件事看作自己的生命，無論別的事有甚麼好處，還是不肯換。我相信作桌子的人作成了一張好桌子，跟大總統把國家的事情辦好，有一樣的價[21]值。大家都是爲社會人[22]羣作事。只要盡[23]自己的責任，得到圓滿的成[24]績，目[25]的就算達到了。你不必覺得我的事價值大，我也不必覺得你的事價值大。所怕的是作事作得不好，沒盡到你應該盡的責任，沒有圓滿的成績，那就對不起你的職業，也對不起你自己。一個人對自己的職業不「敬」，作事一定作不好，結果是自己對不起自己。所以「敬業」對人生非常要緊。

第二要「樂業」。「作工眞苦啊！」這種話，無論是誰，都常常說。但我要問：「作工苦，那麼不作工，就不苦嗎？」「苦」「樂」全在心裏。全看你怎麼想。人從生出來到死，除了睡覺的時候以外，不是用心，就是用力。所以勞[26]苦總是免不

了的。聰明的人，只是從勞苦中找出快樂來。我想世界上第一等苦人，就是無[27]業遊民，也就是沒有職業的人，他們不知作甚麼才好。日子非常難過。第二等苦人，就是不喜歡他自己職業的人，對他的職業沒興趣，不願意作，可是不能不作。結果是在痛[28]苦中作。這簡直是自己跟自己開玩笑。

凡是職業都是有趣[29]味的，只要你肯繼續作下去，趣味自然會發生出來。爲甚麼呢？有四個理[30]由：

第一：凡是一個職業，都是有變[31]化的，在作事情的時候，看事情怎樣變，是非常有意思的。

第二：每一種職業，都有困難，都得努力去作。能把困難打破，就是一種快樂。

第三：作一種事，常常要和別人競[32]爭，和別人比較。因爲彼此競爭，也能覺得非常有意思。

第四：把精神集中在一件工作上的時候，就把不快樂的事忘了。

人能從自己的職業中，得到快樂，生活才有價值，這種生活才是最有意思的

生活。

我相信人生有兩件事是最要緊的：一件是「責任」，一件是「趣味」。今天所講的，「敬業」就是「責任」，「樂業」就是「趣味」。

第十三課　立志[1]作大事不要作大官

各[2]位現在都是在受[3]教育的時候，將來畢業以後，應該作些甚麼呢？各位現在還沒畢業，自然不能要求各位將來一定要作甚麼事。但是在沒[4]有作事以前，應該有甚麼預備呢？應該注意甚麼呢？依[5]我看來，讀書的時候，第一件應該注意的事是立志。

立志是讀書人最要緊的一件事。從前，讀書人，他們立志要作大官。我今天希望各位的，不是那種舊[6]思想的立志。我希望各位不要立志作大官。我希望各位的志願，比作大官的志[7]願還要大。

中國幾[8]千年以來，有志的人本來不少，但是他們那種思想，是專[9]爲自己的利[10]益打算，不是爲人羣的利益打算。這種思想，和現代的思想很不一致。現代人思想的立志，是要特別注意人羣的利益。要爲大[11]衆的利益打算。那麼，中國現代青年應該有的志願，是甚麼呢？是要把中[12]華民國重[13]新建設起來，使[14]將來我們中國的文[15]明，可以和歐[16]美各國平等。我們中國現代的文明，都是從外國傳進來

的，全靠外國人提[17]倡。這是幾千年以來所沒有的事情。如果我們立志建設我們的國[18]家，要把我們的中國建[19]立起來，我們現在就努力去作，還是可以趕得上歐美各國。若是現在還不趕緊努力，那麽，我們中國就永遠沒有進步，永遠趕不上歐美各國了。就永遠沒有希望了。這樣繼續下去，將來一定非常危險。所以現代的青年，就應該[20]以國家爲自己的責任，把建設將來社會事[21]業的責任，擔[22]負起來。這種志願，怎樣才能建立起來呢？我讀歷史，知道世界上極有名的人不全是從[23]政治事業一方面作成[24]功的。有的人，在政[25]權上，極有[26]勢力，可是後來並不是一個有名的人。也有極有名的人，他們作的事，是在政治範[27]圍以外的。簡單的說，世界上的人，他們有名，不是因爲他們作的官大，是因爲他們作的事業成功。如果作一件事業，能成功，就能有名。所以我勸[28]各位，立志要作大事，不要作大官。

甚麽是大事呢？大概的說，無論那一件事，只要從[29]頭到尾作得成功，就是大事。

我們中國從前讀書人，只知道立志要作大官，並且還有要作皇[30]帝的。這種思

想，漸漸的傳到普[31]通人羣裏面。所以有很多中國人，都想作皇帝，不想作別的事。

現在還有人想作皇帝。那當然是錯了。要達到那種地[32]位，是很不容易的。他們因爲要達到那種地位，於是甚麼壞事都作。各位想想，那種志願，是好是不好呢？一定是不好的。所以我們必須消[33]滅那種志願。今天學生立志，一定不要想將來達到甚麼地位，必須要想作成一件甚麼事業。因爲地位是個[34]人的，達到甚麼地位，只是個人的利益；事業是羣衆的。作成了甚麼事業，那是大衆的利益。我從前已經說過了，各位也都知道了。有很多作大事成功的人，不都是在學校讀過書的，也有的連學校都沒有進過，但是，他們能作成大事業。那種人，都是有特別的長[35]處的。普通人是不能跟他學的。普通人要作事作得好，必須學古人的長處。所以我們要進學校讀書，學[36]各種有用的知識來幫着我們作一件大事，這樣那件大事才能成功。

第十四課　[1]紐約時報[2]評論[3]胡適

胡適也叫適之。一八九一年生。一九一零年到美國來留學，一九一七年回國。在[4]北京大學教書。一九一九年跟他的朋友辦[5]新青年雜誌，提倡白話文。一九三八年作中華民國[6]駐美大使。一九四七年作北京大學[7]校長。一九四八年[8]共產黨軍隊到了北平，[9]國民政府接他到[10]南京去，後來，就到美國來了。一九五八年國民政府請他作[11]中央研究院院長。他寫的文章很多。現代的中國知識分子，很多的人都[12]受過他的影響。

一九五零年九月二十一日[13]香港[14]大公報上有一篇使人注意的文章，題目是：「對我父親——胡適的[15]批評」這篇文章的作者是胡適先生的兒子——[16]胡思杜。胡思杜那個時候，在中國大陸上。中國共產黨因爲胡適先生，在自由國家裏，有很大的影響，所以叫全國的知識分子都批評胡適的思想。於是共產黨的報紙，大公報才有這樣一篇文章。

這篇文章裏，胡思杜罵胡適先生是「人民的[17]敵人」。這種兒子罵父親的態度，在中國知識分子裏，差不多是不[18]可能的。所以有很多中國人，不相信這篇文章

是胡思杜用自己的意思寫的。

這篇文章登出來的時候，胡適先生在紐約，於是紐約時報的記者[19]就去見胡先生，看看胡先生對這件事的感想[20]怎麼樣。過了幾天，紐約時報上又有一篇文章，評論這件事情。下面就是這篇文章裏大概的意思。

「胡適博士的兒子，受了中國共產黨政權的壓力[21]，罵他父親是人民的敵人。對這件事，胡先生的批評很簡單，並且很有意義[22]。他說：『我們早就知道，在共產主義[23]的國家裏，沒有說話的自由[24]，現在我們更知道，不但沒有說話的自由，連不說話的自由也沒有。』他並且指出，凡是在共產黨政權壓力底下的人民，對共產黨政權表示服從[25]，是絕對必須的。

「胡適先生是一個學者[26]，他作過中國駐美大使，作過北京大學校長。人都說他是『勇敢的[27]革新者[28]』，『自由主義者』，他是『保守主義[29]的敵人』，是『傳統的反抗者[30]』。他提倡用白話寫文章，對中國現代文學，有極大的影響。他不是國民黨黨員，這樣一個人，共產黨要罵他是『人民的敵人』，我們怎麼能相信呢？對這件事情，我們並不爲胡先生難過，我們倒爲這個青年難過。

「共產黨政權爲甚麼不讓胡適先生的兒子有『不說話的自由』呢？理由很簡單，因爲胡適先生是自由主義者，所提倡的是自由思想。共產黨當然不能讓人有自由。胡適先生對國民政府不對的地方，常常提出[31]公正的批評。對共產主義跟共產黨所作的事情，也不斷的評論。但是自由和[32]專制是絕對不同的。胡適先生一直的走的是自由的[33]道路。因爲這些理由，於是這位可敬可愛的學者，受到共產黨的[34]攻擊。但是胡先生因爲受了這種無理的攻擊，我們更覺得[35]他高尚。一個[36]獨立的人，應該覺得成了共產黨的敵人，是很[37]光榮的事情。我們也覺得胡先生因爲成了共產黨的敵人，所以更[38]偉大。」

第十五課　城裏與鄉下

我們常聽見很多的[1]關於城裏人與鄉下人的笑話。按這些笑話所說，不但城裏人比鄉下人的知識高，[2]才能高，[3]享受好；就是城裏的狗，也比鄉下的狗知識高，才能高，享受好。這些雖是笑話，[4]却不一定不是眞的[5]事實。我們也可以說，不但城裏的狗比鄉下的狗知識高，才能高，享受好，並且城裏的狗，在有些方面比鄉下人也是知識高，才能高，享受好。

城裏的狗看見汽車，並不覺得奇怪，慢慢的走到路邊上，可是鄉下人看見汽車，就覺得很奇怪，就[6]慌張的亂跑。爲甚麼城裏的狗，看見汽車不覺得奇怪呢？就是因爲知識高。看見汽車[7]不慌不忙的走到路邊上去，就是才能高。有些狗的享受，比鄉下人的享受好，這更是容易看出來的事情。在中國一百個鄉下人裏面，至少有九十個，吃的東西沒有城裏的狗吃的好。有一個[8]做鄉村工作的[9]機關，在鄉下養洋猪，給鄉下人看。他們養的洋猪的確是很大。但鄉下人說，他們的猪，比我們的人吃得還好，怎麼能不大呢？

城裏人比鄉下人享受好，當然是因爲他們比鄉下人有錢。他們比鄉下人知識

高，才能高，是因爲他們比鄉下人受教育的機會多。他們[10]之所以能多有受教育的機會，也是因[11]爲他們比鄉下人有錢的緣故。他們比鄉下人有錢，所以吃得比鄉下人好，因爲吃得好，所以他們的身體自然比較能充[12]分發[13]育，他們有錢，所以穿得好。所以看着比鄉下人好看。因爲他們受教育的機會多，所以多半都念過兩天書，於是談話也比鄉下人入[14]耳。所以城裏人到鄉下，常覺得甚麼都看着不好看，聽着不入耳。但鄉下人到城裏，則[15]常覺得甚麼都看着好看，聽着入耳。

中國跟[16]四周圍別的民[17]族的關係，中國向來是城裏，四周圍別的地方，向來是鄉下。雖然有幾次鄉下人打到城裏來，把城裏的地方佔[18]了，但是城裏人，還是城裏人。他們不能把城裏人降[19]爲鄉下人，他們至多是把他們自己升[20]爲城裏人。他們所看見的城裏人，即[21]是中國人。所以他們在變成城裏人的時候，不知不覺的，在有些生活方面也變得跟中國人一樣。此即所[22]謂同[23]化。

中國人的城裏人的資[24]格，維[25]持了一二千年，沒想到，在一百年以前，中國遇見一個向來沒有的變[26]局。中國人本來的城裏人的資格，到這時，忽然沒有了，忽然變成鄉下人了。這是一個向來沒有的變局。

在現在世界上，英美和西[27]歐各處是城裏，這些地方的人是城裏人，其餘別的地方，差不多都是鄉下，別的地方的人，差不多都是鄉下人。

英美及[28]西歐各國之所以得到現在世界上城裏人的地位，是因爲在經濟上，他們先有了一個大革[29]命的緣故。這個大革命，卽所謂工業革命。經過這個革命以後，他們的生[30]產方法及經濟制[31]度都改良了。於是他們的工業才能發[32]展。

有人說，工業革命的結果，使鄉下靠城裏，使東方靠西方。鄉下本來靠城裏，不過在工業革命以後，鄉下尤其靠城裏。在工業革命以後，西方成了城裏，東方成了鄉下，鄉下靠城裏，東方也靠西方。

第十六課　西山[1]煤礦(上)

快八點鐘了，[2]工人們都很快的往煤礦走去。

「王大年來了沒有？」

「還沒看見他呢。」

[3]許多人聽說王大年還沒來都走的慢了。

王大年是一個管[4]炸煤的工人。每天工人們進礦以後，得等他把煤炸下來才能[5]開始工作。可是他總是最後一個人到礦上來。所以大家每天有一個鐘頭[6]閒着沒有事幹。今天大家原來想[7]多出幾車煤，可是聽說王大年還沒有來，所以只好等他。

工人們走近煤礦的時候聽見了炸煤的聲音。

「是誰先來了呢？」

「王大年！」

「你今天怎麼來的這麼早呢？」工人們都覺得很奇怪。

「我一切都[8]準備好了，等着你們呢。」

大家一看，煤已經炸下來了。

從[9]那天起，王大年變成了一個全礦工作最努力的一個工人。從前因爲他最不努力，別人都不理他，現在人人都說王大年眞行。有了他，每天增[10]產幾十噸[11]煤，沒有問題。

這幾個月以來，在西山煤礦裏，這樣的事情不斷的發生，所以煤礦的工作情形也跟從前完全不一樣了。

西山煤礦從一九五六年起因爲礦上的領[12]導工作作的不好，全年就出煤一百多萬噸。比國家計劃少十九萬噸。今年國家要求生產二百萬噸煤。工人們都認[13]爲是一件很困難的事情。

今年春天領導上曾[14]在工人裏進[15]行了一次社[16]會主義思想教育。情形雖然好了一點兒，可是問題還沒有解決。

例如搬[17]運組裏一共有七十多個工人。其中有十幾個總是有病請假。從一月到七月這個組出了四十四次事。六月六日那天，管煤車的李眼圓在洞裏睡覺。煤車沒有人管，就跟別的煤車碰上了。開會的時候大家批評李眼圓。另外一個工

人叫劉萬喜站起來說：「從前管煤車是兩個人負責[18]，領導上隨便減少一個人，當然要出事情。」

有一個工人說：「現在運煤的任[19]務比從前少，一個人管就够了。並且，減了一個人，工作應當更緊[20]張。爲甚麼去睡覺？」

在西山煤礦裏，除了搬運組以外，別的組也一樣的有毛病。有的工人沒有病裝[21]病。有的工人賭錢，搶東西。

工人把這種情形向領導上報[22]告，並且提出一個問題：這些壞[23]份子究竟是一些甚麼樣兒的人？爲甚麼教育也不能解決問題？

領導上接着了工人的報告，就進行了一次調[24]查。據調查結果：全礦的一萬一千多工人裏頭，百分之六十是解放以後才來參加工作的。那些新工人，有的從前是農人，有的從前是學生。他們對社會主義的認識不够。有一些壞份子就利[25]用這個弱[26]點，鼓[27]動新工人去作壞事情，給礦上製[28]造了許多損[29]失。例如搬運組的劉萬喜就是一個壞份子。他從前曾在國民黨的政府裏幹過二、十年。礦上有許多事情都是他鼓動出來的。

經過這次的調查，領導上才認識：思想教育對大[30]多數的工人是有用的，可是對劉萬喜那樣的壞份子就沒有用。所以一定要使羣衆完全明白這些壞份子的目的，才能有[31]效地教育新工人。

第十七課　西山煤礦（下）[1]

八月裏礦上的工人們開了一次會[1]議。在會議上大家提出了一百多個壞份子的名字。壞份子劉萬喜總到礦上的醫院裏去，要醫生批[2]准他的病假。去年他就作了三十七天的工。那一百多個壞份子，不但罵共產黨，並且還進行[3]破壞活[4]動。這個事[5]實教育了工人羣衆。有一個工人說：「我以爲國民黨的軍[6]隊被我們打[7]敗了，反[8]革命份子大概都逃走了。沒想到我們這裏還有這麼許多。」很多工人都站起來問那些壞份子：「爲甚麼要罵新社會？爲甚麼要進行破壞活動？」

「因爲新社會不如舊社會好。」壞份子劉萬喜這樣的回答。工人問他：「新社會怎麼不好？舊社會怎麼好？」劉萬喜說：「在舊社會裏，有錢能買東西吃。在新社會裏，買東西都得排[9]隊。排了隊，買了糧[10]食，還不够吃。我一個月四十八斤[11]糧食够吃嗎？」

有一個老工人站起來說：「從前你在國民黨的軍隊裏作官，可以搶老百姓的東西，你當然說舊社會好。可是我們老百姓在舊社會裏，沒有錢吃飯，連想排

隊買糧食都不行。現在誰不吃白米？從前我們在礦上作工，受[12]了傷，沒有錢看醫生。現在誰病了不看醫生？」

那幾天很多工人都在想這個問題：舊社會好還是新社會好？王大年也在想這個問題。他想：「我十歲那一年，中國跟日本打[13]仗，父親讓敵人的軍隊給殺死了。我到礦上來給他們作工，每天得一[14]角錢。現在我每月得四百多元[15]，家裏人人都有糧食吃。他想到這裏覺得很後[16]悔，以前上班天天晚[17]到，實在不對」。

從那次會議以後，礦上的工作情形完全改變了。從前平[18]均每天只出五千噸煤，現在增[19]加到八千噸。

工人還是原來的工人；機器還是原來的機器。那是甚麼緣故呢？

人變了！壞份子走了以後，沒病裝病的沒有了，搶東西賭錢的沒有了。在煤礦的醫院裏，從前每天排隊看病的有一百多人，現在只有二十人左右。醫院裏的一位護士說：「開了一次會連病人也少了。從前那些裝病的人顯[20]然是受了壞份子的鼓動。工人的紀[21]律也比以前進步了。有一位技[22]術人員說：「以前不管你怎麼說，還是有很多工人不聽命[23]令，現在可沒有這種事情了」。管[24]理工人吃飯

的同志也說：「現在吃飯的時候工人們都自[25]動的排隊，按次[26]序去吃飯。打人罵人的事情也沒有了。」在福[27]利事業上，要求太高的現[28]象沒有了。有些工人從前佔了很多房子，現在也把那些房子給退[29]回去了。管理福利事業的同志說：「現在的事情好辦多了。」

第十八課 艾森豪主義[1]

美國艾森豪總統最近對中東問題[2]提出了一個政策[3]：要求國[4]會准總統在[5]必要時，可以派[6]兵到中東去。並且要求國會增加對中東國家的經濟援[7]助。這個政策，一般人叫作「艾森豪主義」。雖然美國國會對這個政策還沒批准，可是已經有很多國家對這個政策表示了意[8]見。有的國家表示贊成，有的國家表示反[9]對。大概的說，共產黨國家反對這個政策，民主國家贊成這個政策。可是中東的國家，多半都還沒表示意見。

「艾森豪主義」實[10]際上並不是一種新的政策。第[11]二次世界大戰以後，美國在別的地[12]區已經用了這個政策。現在僅[13]是把這個政策擴[14]展到中東去而已。過[15]去十年裏，美國對共產黨的政策是[16]一方面求民主國家的經濟發展和政治進步，另一方面希望共產黨國家的人民起[17]來革命。所以在歐[18]洲跟亞[19]洲的自由國家都有防[20]備共產國家侵[21]略的組織。可是在中東一直還沒有這種組織。因爲那個時候蘇聯在中東並沒有甚麼活動，中東的情形並不緊張，所以不必有那種組織。並且，因爲很多中東國家出產石油，他們不需要美國的經濟援助。還有一個原因是因爲中

東國家都不喜歡以色列，可是美國給了以色列[22]很多援助，所以那些國家對美國都不太滿[23]意。

可是從去年夏天起蘇聯在中東的活動增加了。中東國家的政府也都知道，要阻[24]止蘇聯的侵略，他們一定得發展經濟。所以現在他們也需要美國的經濟援助了。

艾森豪總統在這個時候提出他對中東的新政策，可以說是一件必要的事情。

中東的情形跟歐洲亞洲的情形有很多地方不一樣。比方說，中東國家多半是阿[25]拉伯國家。在那些國家裏，有錢的人很有錢，可是貧[26]窮人太貧窮。從前英國法國在中東的失[27]敗，就是因爲英法兩國沒注意這種情形，並且他們不能滿[28]足中東國家的經濟需要。蘇聯現在在中東的活動也不可能成[29]功，因爲蘇聯沒有力量幫助那些國家發展經濟。美國領導世界已經有很多年的經驗，一定能修[30]改從前英法兩國政策的缺[31]點，幫助中東國家的人民，保[32]衛他們的國家，阻止蘇聯的侵略。

第十九課　蘇[1]俄在中國

孫[2]中山先生在美國獨立宣言[3]以後一百一十年，即一八八五年，開始宣[4]傳革命。至[5]一八九五年創[6]立中國第一個革命政[7]黨。一九一一年孫先生領導其革命黨同志，不斷的努力。其革命運動，經過十次失敗，最後爲中國人民創立了一個民主政府，創立了中[8]華民國。那個時候的帝國主義國家，對中國的革命，不但不表示同情，並且積[9]極的干[10]涉革命的工作。這種陰[11]謀後來雖然失敗，可是我們國家的情形終[12]於開始混[13]亂。

民[14]國六年列[15]寧在俄國創立共產主義新政府。他們的宣傳說：「無[16]產階級的革命就是大多數民衆的革命。共產黨是世界上最前[17]進的黨。共產主義是世界上最高的理[18]想。」此種宣傳對亞洲國家人民的影響很大，因爲在過去一百年裏亞洲國家的人民受帝國主義國家的壓[19]迫，對那些國家都非常痛[20]恨。蘇俄就乘[21]此機會，在亞洲秘[22]密的進行其世界革命的計劃。民國七年，蘇俄一方面表示願意幫助中國政府，可是另一方面在中國組織中國共產黨。

民國十二年，蘇俄答應幫助孫先生進行中國的革命，並且要中國共產黨和中

國國民黨合作。這是中國國民黨和共產黨第一次「和平共存」[23]與互[24]相合作。可是第一次合作至民國十六年完全失敗。民國二十六年中日戰爭開始，至民國三十四年中[25]日戰爭打完，是國民黨和共產黨第二次互相合作。第三次是民國三十四年至三十八年。最後中國共產黨 把中國大陸佔了，創立了一個人民政府。

我寫這本書的時候心裏非常痛苦。我們中國是世界上明白共產黨計劃最早的國家。我們有很好的反[26]共政策，可是因爲得不到國內人民的了解，與別的自由國家的支[27]持，所以失敗。我們在第一次「和平共存」失敗以後，還作第二次，第三次的試驗。這三次「和平共存」的經過情形，和我們受[28]的教訓，我覺得應當對全國國民和世界各國報告。要是這本書能給自由世界的國家，尤其是亞洲國家，一些幫助，則我們對世界的反共戰爭，也可以說盡了責任了。